OUVIR O LÓGOS:
MÚSICA E FILOSOFIA

FUNDAÇÃO EDITORA DA UNESP

Presidente do Conselho Curador
Herman Jacobus Cornelis Voorwald

Diretor-Presidente
José Castilho Marques Neto

Editor Executivo
Jézio Hernani Bomfim Gutierre

Conselho Editorial Acadêmico
Alberto Tsuyoshi Ikeda
Áureo Busetto
Célia Aparecida Ferreira Tolentino
Eda Maria Góes
Elisabete Maniglia
Elisabeth Criscuolo Urbinati
Ildeberto Muniz de Almeida
Maria de Lourdes Ortiz Gandini Baldan
Nilson Ghirardello
Vicente Pleitez

Editores-Assistentes
Anderson Nobara
Henrique Zanardi
Jorge Pereira Filho

OUVIR O *LÓGOS*:
MÚSICA E FILOSOFIA

LIA TOMÁS

© 2002 Editora UNESP

Direitos de publicação reservados à:
Fundação Editora da Unesp (FEU)
Praça da Sé, 108
01001-900 – São Paulo – SP
Tel.: (0xx11) 3242-7171
Fax: (0xx11) 3242-7172
www.editoraunesp.com.br
www.livrariaunesp.com.br
feu@editora.unesp.br

Dados Internacionais de Catalogação na Publicação (CIP)
(Câmara Brasileira do Livro, SP, Brasil)

Tomás, Lia
　　Ouvir o lógos: música e filosofia / Lia Tomás. – São
Paulo: Editora UNESP, 2002.

　　Bibliografia.
　　ISBN 85-7139-428-8

　　1. Filosofia – História 2. Música – Filosofia e estética
3. Música – Teoria I. Título.

02-5196   CDD-780.1

Índice para catálogo sistemático:
1. Música e filosofia   780.1

Este livro é publicado pelo projeto *Edições de Textos de Docentes e Pós-Graduados da UNESP* – Pró-Reitoria de Pós-Graduação e Pesquisa da UNESP (PROPP) / Fundação Editora da UNESP (FEU)

Editora afiliada:

AGRADECIMENTOS

Este trabalho, agora publicado no formato de livro, é fruto de minha tese de doutorado defendida no Programa de Estudos Pós-Graduados em Comunicação e Semiótica da PUC-SP, em março de 1998. Apesar da individualidade que permeia um trabalho desta natureza, várias pessoas e instituições colaboraram direta ou indiretamente em seu processo de elaboração. Assim, gostaria de agradecer ao CNPq, pelo indispensável e eficiente apoio financeiro; ao Prof. Dr. Costin Miereanu, diretor do Institut d'Esthétique et des Sciences de l'Art – Université de Paris I (Panthéon Sorbonne), que possibilitou meu estágio de pesquisa nessa instituição, em 1995/ 1996; a Maria Fernanda de Souza e Silva (*Mme. De Souza*), Elisabete Martins e Antonio Motta – amigos que tornaram minha estada parisiense mais primaveril –, pelos saudosos encontros na *École* (EHESS) e as etnografias de *boulevard*; a Mônica Nunes, Lúcio Agra, Helena Katz e Heloísa Duarte Valente – amigos de "bancos escolares" –, pelo apoio emocional *in loco* e a distância, desde sempre; a Maria Suzana Moreira do Carmo, que acompanhou este trabalho desde o início e me ensinou as primeiras palavras em francês com paciência e amizade, *merci beaucoup*; aos amigos Rita, Ivo, Tecris e Itagiba, que estiveram presentes em todas as horas; a

Lúcia Santaella, que orientou este trabalho, pelo desvelamento dos caminhos da pesquisa.

Gostaria ainda de agradecer em especial a Helena Katz, que despertou em mim – talvez sem saber – a paixão pela filosofia, e a Antonio Medina Rodrigues, por sua generosidade, sabedoria e conselhos sempre bem-vindos.

Já se percebeu que a música
faz livre o espírito?
que dá asas ao pensamento?
que alguém se torna mais filósofo,
quanto mais se torna músico?

(Nietzsche, O *caso Wagner*)

SUMÁRIO

Apresentação 11

1 *Bajo nombres muy diversos...* 13

2 O que enunciamos em palavras... 27

3 O que existe de mais antigo... 51

4 Pensar é se limitar a uma única ideia... 85

5 Desde que tenhamos a coisa diante dos olhos... 107

Referências bibliográficas 123

APRESENTAÇÃO

Este livro é uma preciosidade. Raro tema, rara escritura. Enfocar a música como tema de reflexão teórica já é infrequente no meio cultural brasileiro. Assumi-lo à luz da filosofia o rarefaz de modo mais intenso ainda. Além de tudo, esse enfoque se dá sob o olhar do pensamento grego em que a música se apresenta em suas genuínas raízes na cultura ocidental.

É o resgate dessas raízes que torna o livro de Lia Tomás especialmente interessante e original. Não mais, tão somente, um conceituar a música como arte que brota de uma subjetividade apartada da Natureza, como soem afirmar visões quase transcendentalistas da criação artística. Antes, a música em seu significado primário de *mousiké*, ou seja, na expressão do cosmos como *harmonia*, na sua mais forte conotação ontológica, que assume ênfase no pitagorismo.

Mercê dessa abordagem, o sugestivo e original título desta obra, *Ouvir o lógos*..., traduz-se em um convite para ouvir aquilo que também e mais uma vez não é somente uma reducionista expressão designativa de nossa humana razão, mas exprime um real princípio de ordem e harmonia naturais.

Não poderia ser mais emblemática esta passagem da autora: "Em seu sentido amplo, a *mousiké* equivale a conceitos do mesmo patamar de *lógos*, cosmos e harmonia; em seu sentido estrito, refere-se à organização gramatical de uma linguagem. Ora, a música dos gregos não era apenas entretenimento ou fruição estética – dada sua polimorfia, ela era ao mesmo tempo um discurso mágico, cosmológico e metafísico...".

Com felicidade, Lia Tomás consegue, sem em nenhum momento abrir mão do rigor de exposição e fidelidade na citação de riquíssima bibliografia, fazer o leitor adentrar aos poucos o fascinante mundo do pensamento grego, sempre construído sobre este espelho de dupla face que holisticamente inclui o espírito e a Natureza.

Ouvir o lógos significará, em última análise, experienciar a ordem do universo e, ao mesmo tempo, apreender os signos de sua racionalidade – o *Nous* – por meio da música. A mais intransitiva das artes emana da ordem grega das esferas, apontando para a delicada interface entre arte e ciência em que o estético torna-se geneticamente cognitivo, tema tão caro para o idealismo romântico alemão. Não à toa, é nesse período da história das ideias que se verifica a mais intensa negação do mecanicismo a que o racionalismo iluminista reduziu a *physis*, buscando justamente na visão grega de mundo aquela conciliação mais ampla entre sentidos e razão.

Certamente é muito difícil *ouvir o* lógos: não obstante Bach, Mozart, Beethoven, Brahms, Wagner, Mahler e outros tantos gênios talvez, também, *o* tenham dito em sua música. Cabe-nos agora ouvi-la de maneira inspiradamente renovada, a partir desta belíssima contribuição de Lia Tomás.

Ivo Assad Ibri
Professor do Departamento de Filosofia – PUC-SP

I BAJO NOMBRES MUY DIVERSOS...

*Bajo nombres muy diversos hallamos cosas
muy parecidas y bajo el mismo nombre,
cosas muy distintas.*

(Ortega y Gasset, *Origem e epílogo da filosofia*)

A história da música ocidental, quando discutida juntamente com suas fontes primárias, apresenta em sua construção teórica e estética uma diversidade de ideias. Nos antigos tratados de teoria musical, encontram-se discussões sobre metafísica, ciência, ética, educação, política, religião, bem como questões mais específicas – prática instrumental, estilística, construção de instrumentos ou notação. No entanto, questões musicais também são encontradas em escritos sobre matemática, cosmologia, poética, retórica, arquitetura ou estética; temos ainda noções mais gerais sobre música presentes na literatura e na poesia.

Perante esse estado de fatos, as observações feitas por Edward Lippman (1975, p.XI) são muito esclarecedoras. O autor aponta que a história do pensamento musical coincide, em parte, com várias áreas do estudo histórico – como a história da filosofia ou da ciência – e que isso ocorre porque a música apresenta como traço peculiar uma íntima relação com vários aspectos da atividade humana, o que acarreta um difícil isolamento ou mesmo uma definição restrita a uma única área do pensamento. Vejamos, a seguir, uma pequena mostra de definições musicais advindas de alguns teóricos e compositores:[1]

> Unicamente a arte mencionada antes, a música, se estende por toda matéria, por assim dizer, e atravessa todo tempo: ordena a alma com as belezas da harmonia e conforma o corpo com os ritmos convenientes; e é adequada para as crianças pelos bens que se derivam da melodia, para os que avançam em idade por transmitir as belezas da dicção métrica e, em uma palavra, do discurso inteiro, e para os mais velhos porque explica a natureza dos números e a complexidade das proporções, porque revela as harmonias que mediante estas proporções existem em todos os corpos e, o que na verdade é mais importante e mais definitivo, porque tem a capacidade de fornecer as razões do que é mais difícil de compreender a todos os homens, a alma, tanto da alma individual como da alma do universo. (Aristides Quintiliano, século II-III d. C., *De Musica*)

> A música é a ciência do bem medir. (Santo Agostinho, 354-430, *De Musica*)

> Existem três classes de pessoas a se considerar com relação à arte musical. A primeira classe executa os instrumentos, a segunda compõe canções e a terceira julga as execuções instrumentais e as canções.
> A classe que se dedica aos instrumentos e que consome todos os seus esforços nessa prática – como os executantes de cítara e aqueles que apresentam suas habilidades no órgão e em outros instrumentos musicais – está separada da intelecção da ciência musical, pois ela é escrava, e, como já foi dito, não faz uso da razão e é totalmente desprovida de reflexão.

---

1 Grande parte dos fragmentos citados em português foi extraída de Kirk et al. (1994); Souza (1973); Bornhein (1972). A tradução dos demais é de responsabilidade da autora.

A segunda classe é a dos poetas, que compõem canções, não tanto pela reflexão ou razão, mas por um certo tipo de instinto natural. Portanto, essa classe também está separada da música. A terceira classe é aquela que assume a habilidade de julgamento, que pode avaliar ritmos e melodias e canções como um todo. E, observando que o todo é fundado na razão e reflexão, essa classe é reconhecida como altamente musical, e esse homem, como um músico que possui a faculdade de julgamento, acordando a reflexão ou a razão apropriada e conveniente para a música aos modos e ritmos e às classes de melodias e suas combinações, e todas as coisas que serão discutidas posteriormente sobre as canções dos poetas. (Boécio, 480-524, *De Institutione Musica*)

Música é o conhecimento prático da melodia, que consiste de som e canção, e é chamada música por derivação das Musas. Visto que o som é uma coisa dos sentidos, passa para um tempo passado e é impresso na memória. A partir disso, pretendiam os poetas que as Musas fossem filhas de Júpiter e Memória. A não ser que os sons sejam carregados na memória pelo homem, eles perecem porque não podem ser escritos. (Isidoro de Sevilha, 560-636, *Etymologiarum sive originum libri XX*)

Aluno – Como a Harmonia nasceu de sua mãe, a Aritmética? A Harmonia e a Música são a mesma coisa?
Mestre – A Harmonia é dada pelas combinações concordantes de sons diferentes. A Música é a forma dessa concordância. A Música, como as outras disciplinas matemáticas, é em todos os seus aspectos vinculada ao sistema de números. E é por causa dos números que ela pode ser compreendida...
Aluno – O que é Música?
Mestre – É o estudo das notas em harmonia e discordância de acordo com os números que trazem uma certa relação com aquilo que se encontra nos sons em si. (Anônimo, século IX ou X, *Scholia Enchiriadis*)

O que é a música? É a Arte mestra das artes: ela contém todos os princípios que fundam a prática; ela assenta o primeiro grau da certeza; ela se desdobra harmoniosamente, de uma maneira admirável, na natureza de todas as coisas; ela é um encantamento para o espírito e uma doçura para os ouvidos; ela alegra os tristes e satisfaz os ávidos; ele confunde os invejosos e reconforta os aflitos; ela faz cochilar os acordados e acordar os adormecidos; ela nutre o amor e exalta a riqueza; ela tem por objetivo final instituir a louvação de Deus.

Outra definição: a música é uma ciência que ensina a arte e a maneira justa de cantar, com a ajuda de notas formadas como se deve. (Jean de Murs, 1295-1348/49, *Compendium Musicae Practicae*)

Sempre nos admiramos com os efeitos prodigiosos da eloquência, da poesia e da música entre os gregos; tais efeitos não mais se combinam em nossas cabeças porque não mais atingimos coisas semelhantes, e o máximo que conseguimos de nós mesmos, ao vê-los tão bem expostos, é fingir acreditar neles para não desgostar nossos sábios. Burette, tendo traduzido, como pôde, em notas de nossa música alguns trechos de música grega, teve a ingenuidade de fazer executá-los na Academia de Letras e os acadêmicos tiveram a paciência de ouvi-los. Admiro-me dessa experiência num país cuja língua é indecifrável para qualquer outra nação. Mandai músicos estrangeiros de vossa escolha executar um monólogo de ópera francesa e vos desafio a reconhecê-lo. Não obstante, são esses mesmos franceses que pretendiam julgar a melodia de uma ode de Píndaro posta em música há dois mil anos! (Rousseau, 1712-1778, *Tratado sobre a origem das línguas*)

Para preservar os sentimentos, foram, pois, criadas variadas e belas invenções e, deste modo, nasceram todas as belas artes. Mas é a Música que eu considero a mais maravilhosa destas invenções, porque ela descreve sentimentos humanos de forma sobre-humana, porque nos mostra todos os movimentos de nossa alma de forma incorpórea, envoltos em nuvens áureas de suaves harmonias, acima das nossas cabeças – porque fala uma língua que não conhecemos na vida cotidiana, uma língua que aprendemos, não sabemos onde nem como, a única que gostaríamos de considerar como a linguagem dos anjos. (Wackenroder, 1773-1798, *As maravilhas da arte musical*)

Nessa miniantologia, que recobre praticamente 1.800 anos de historiografia musical, observa-se que as definições apresentadas corroboram a ideia de pluralidade do pensamento musical, sobretudo no que se refere à articulação de seus conceitos fundamentais. Essas definições associam a música com a ciência (em especial com a matemática), as teorias harmônicas, a prática instrumental e vocal, a língua, a memória, assim como aos efeitos por ela causados, por mais estranhos que nos pareçam.

Mesmo com essa heterogeneidade conceitual, pode-se dizer que, de uma maneira ou de outra, o discurso que subjaz às definições apresentadas refere-se à compreensão da música como uma organização do fenômeno sonoro, ou melhor, a referência se dá àquilo que soa a partir de uma determinada organização, àquilo que nos é audível e perceptível sensorialmente. À primeira vista, isso parece óbvio, redundante e irrefutável, pois como poderia a música, linguagem que se apresenta, se manifesta e se materializa no som, ser outra coisa senão uma organização do fenômeno sonoro auditivamente perceptível?

No entanto, quando voltamos nosso olhar (e especialmente nossos ouvidos) para o pitagorismo (século VI a. C.), a escola filosófica na qual segundo a historiografia, ocorreu a primeira tentativa de teorização da linguagem musical, deparamos com um fato, no mínimo, singular: em seus primeiros experimentos, não é a audição que vai ser tomada como base para seus assentamentos, mas sim um tipo de raciocínio lógico.[2] No entanto, isso não significa que nessa época não existissem instrumentos musicais, que não se escutasse música ou que não houvesse teóricos inclinados para as questões relativas à escuta; o que torna esse fato singular é que, para a escola pitagórica, o fenômeno sonoro – elemento praticamente indissociado da música quase como um sinônimo – só vai adquirir relevância em suas discussões como demonstrativo de um procedimento de organização lógico ou, em outras palavras, parece haver uma dissociação entre o que se pensa e se teoriza sobre música e o que se escuta.

No entanto, esse fato histórico aparentemente paradoxal apresenta dois problemas complementares. O primeiro deles reside justamente nesta atestação. Se, de acordo com as informações historiográficas, a audição não foi o ponto de partida para a teorização musical, torna-se plausível supor que o que os pitagóricos compreendiam sobre o conceito de música era algo totalmente diverso do modo como foi compreendido em momentos posteriores. Talvez o conceito tivesse uma acepção muito mais ampla do que sua associação com o que se escuta, ou, ainda, talvez o próprio ato da escuta fosse algo diferenciado da mera identificação sensó-

---

2 Nesse contexto, o termo "lógico" deve ser entendido em sentido amplo, como uma faculdade racional que permite uma organização coerente, e não a "lógica" no sentido aristotélico do termo (ou seja, campo de estudos que trata da inferência válida).

ria. Assim como a historiografia atesta que a música desempenhava um papel capital na formação da sociedade grega desse período, supõe-se também que o conceito de música fosse compreendido em dois níveis distintos, mas interdependentes: um nível audível, portanto perceptível, e um outro não audível, pois assentado em um raciocínio lógico. Destaca-se o fato de que nesse primeiro momento a instância não audível foi a predominante.

O segundo problema concentra-se nas justificativas apresentadas pela historiografia sobre esta primazia do lógico sobre o perceptivo. Mesmo ciente dos inúmeros problemas que envolvem a história da música, sobretudo na Antiguidade – referências incompletas, fatos contraditórios, entre outros –, de acordo com o ponto de vista aqui defendido, essa questão foi agravada por uma inadequação metodológica de abordagem, que, por desconsiderar o contexto e as idiossincrasias do período em questão, restringiu o entendimento da teoria musical ao aspecto técnico e, consequentemente, limitou o entendimento do conceito de música à percepção auditiva e à ideia modelar de gênero. Acrescente-se ainda que a insuficiência dessa prática contribuiu em muito para a falta de coerência e clareza da própria historiografia musical.

Para que se possa esclarecer melhor a natureza dessas questões, bem como a interdependência existente, faz-se necessário um pequeno desvio de percurso: tomemos o caminho em direção à história da teoria musical e seu atual redimensionamento, tentando aclarar os pontos levantados.

SOB O MESMO NOME, CONTEÚDOS DIFERENTES

Como já foi mencionado, torna-se difícil abordar o pensamento musical como um capítulo à parte do estudo histórico porque ele raramente se apresenta como um fato isolado. Um exemplo disso é a variedade de assuntos encontrados nos tratados específicos, cujas definições apresentadas exemplificam bem.

Retomando em parte essa longa discussão, Edward Lippman (1993, p.217-32) apresenta, em um artigo relativamente recente, esclarecimentos importantes sobre a história da estética e da teoria musical, pontuando as implicações específicas da teoria musical nessa história, bem como seu atual posicionamento diante dos novos meios de produção, metodologias e análises que envolvem o fazer teórico da música.

A *teoria musical*,[3] vista como uma disciplina moderna e à parte de seu modelo anterior estabelecido no século XVIII, apresenta-se hoje como um campo em expansão que agrega um instrumental de análise advindo de áreas muito distintas. Um exemplo disso é a inserção de ideias científicas de outras áreas em trabalhos teóricos musicais – tais como a acústica, a fisiologia e a psicologia –, o que faz que se encontre um grande número de músicos trabalhando com as mais diversas teorias.

Durante o século XVIII, desenvolveu-se uma linha de pensamento estético independente da *musica theorica*,[4] direcionada para seu próprio círculo de problemas, questões do significado e da interpretação; em contrapartida, a teoria restrita a problemas de ordem técnica, como o estudo da harmonia, do contraponto, das formas etc., torna-se mais comum. Porém, antes desse período, destaca Lippman, é difícil afirmar que esses dois campos – teoria e estética musical – tenham sempre existido ou mesmo bem definido seus respectivos assuntos, pois essa distinção sujeita-se fundamentalmente aos contextos históricos do pensamento.

Entre os séculos XIX e XX, vemos o despontar da musicologia, uma área de estudos que trata de assuntos musicais que não se referem propriamente à composição e à execução, e que norteia seus interesses para a investigação histórica, a organologia, a história da teoria musical etc. No que se refere a esta última, instauram-se duas linhas de pesquisa opostas que, em termos gerais, poderiam ser denominadas "presentismo" e "historicismo" (Christensen, 1993,

---
3   Para diferenciarmos o conceito de "teoria musical" de Lippman de seus modelos anteriores, quando nos referirmos ao primeiro, grafaremos em itálico.
4   Sobre estética musical no século XVIII, ver também Lippman (1994, p.59-202); Fubini (1990, p.163-252); Dahlhaus (1991, p.11-37). A *musica theorica*, também chamada de *musica speculativa*, compreendia questões de ordem filosófica, estética e também teoria musical específica. Esses três campos eram indissociáveis, interagindo um sobre o outro de modo determinante, pois se avaliavam mutuamente.

p.9-26). Na primeira vertente, a música é estudada à luz dos conhecimentos e normas do presente. O passado é visto como um processo determinista que culmina no presente, que é, por sua vez, observado como um progresso, um estágio qualitativamente mais avançado do desenvolvimento do passado.

Já para o "historicismo", o passado é visto como multifacetado e demasiadamente complexo para ser reduzido a uma série de momentos dentro de um processo histórico determinista ou estrutural. Os historicistas rejeitam qualquer forma de presentismo e sua abordagem torna-se mais enfática do que explanatória, pois cada ação ou texto é visto como um evento único. Note-se ainda que a tensão entre essas duas correntes não é exclusiva da musicologia, podendo ser verificada em outras áreas, como a antropologia, a psicologia, a filosofia, entre outras.

No entanto, a postura mais recente da *teoria musical*, à qual se refere Lippman, não é apenas fruto de um processo sociopolítico e cultural que atingiu todos os domínios do conhecimento, mas é, sobretudo, produto de uma reavaliação da própria musicologia e da estética musical, que começaram a repensar tanto a si mesmas – seu papel e função –, como seus métodos de investigação e análise de seu objeto de estudo, a música.

Com esse redimensionamento e praticamente a abolição de rígidas linhas demarcatórias, Lippman destaca que hoje a *teoria musical* tem também reivindicado para si a filosofia e a estética como tais, pois ensaios e estudos dessas áreas são agora considerados como pertencentes a esse campo; como consequência dessa postura, nota-se o frequente aumento de artigos puramente filosóficos e estéticos nas publicações especializadas.

Assim, se esses artigos estão sendo considerados como *teoria musical* e não mais como musicologia ou estética, isso se deve, em parte, à abrangência e diversidade de materiais que a própria teoria musical tem solicitado para si, mas também ao fato de que esse enfoque não é inteiramente inédito. É ao lado de sua tradicional definição que esse entendimento mais abrangente está ressurgindo, ou seja, como um campo que trata essencialmente das estruturas musicais em todas as suas formas.

Essa nova concepção, no entanto, tem um velho ancestral, para voltarmos ao significado grego de teoria como contemplação intelectual, uma abrangente categoria que Aristóteles diferencia em relação à ação e à produção. Nesse sentido, a teoria musical poderia abranger todas as ideias pertencentes à música e poderia opor a existência filosófica, a *performance* e a composição como atividades, mas não a teoria dessas atividades. Podemos dizer, então, que um ciclo se fechou na história da teoria musical e deixou para trás a tradicional divisão dos estudos musicais... (Lippman, 1983, p.231)

Portanto, o enfoque deste livro insere-se nessa nova perspectiva da *teoria musical*, um método que permite uma abordagem diacrônico-sincrônica da história da música, bem como o desenvolvimento de uma análise de fatos, períodos históricos ou especificidades musicais à luz de um instrumental advindo de áreas distintas. Para tanto, nossa escolha recaiu sobre a filosofia e a estética, pois além de esses campos serem agora considerados como *teoria musical*, sua abrangência nos permite abarcar variadas ideias ou concepções de música, sendo mais adequado para tratar as questões levantadas.

De acordo com nossas observações, os antigos tratados musicais abrangiam uma variada gama de assuntos, não se restringiam a questões técnico-musicais e delineavam um conceito de música diferenciado. Mais recentemente, encontramos um procedimento análogo, na medida em que teorias de outras áreas têm sido utilizadas como instrumental analítico em consequência da insuficiência da visão teórica proveniente dos séculos XVII e XVIII.

Logo, esta será a nossa problemática: a inadequação da ideia de "teoria musical restrita à técnica" na análise e períodos e/ou fatos históricos, cujo entendimento de "teoria musical" é muito mais amplo, por considerar as estruturas musicais em todas as suas formas. Para tanto, situaremos nosso problema nos primórdios da história da música, ou seja, em Pitágoras e sua escola, retomando as fontes primárias nas quais se encontram as informações que posteriormente serão vistas como "técnicas", analisando-as no contexto de época e tecendo paralelos com o pensamento de outros filósofos contemporâneos, para oferecer respostas plausíveis às nossas hipóteses. Por conseguinte, ao assumir esta escolha, estar--se á propondo ainda uma reconsideração do entendimento do conceito de música advindo da cisão da teoria musical do século

XVIII, recuperando, em seu lugar, um outro conceito bem mais antigo, oriundo dos gregos: o conceito de *mousiké*.

COMPREENDER DIFERENÇAS É EVITAR EQUÍVOCOS

Sabemos que cada área específica da história possui uma escola ou um personagem, cuja vida ou feitos tenham sido obscurecidos por inúmeras razões: escassez de documentação, opiniões contraditórias tanto de seus contemporâneos como de autores posteriores, constantes referências em períodos distintos, entre outros. Assim, torna-se difícil estabelecer até que ponto todas as informações que permeiam esses personagens e suas realizações são passíveis de serem verificadas, se possuem um fundo verídico ou se pertencem a uma construção do imaginário.

No caso da história da música, essas características recaem sobre Pitágoras e sua escola, o pitagorismo, pois em muitos escritos posteriores à sua época (século VI a. C.) encontram-se ressonâncias explícitas ou implícitas a seu nome, pelo fato de ter sido em sua escola que ocorreram as primeiras tentativas de teorização da linguagem musical.

Mas, paralelo a esses fatos, existe um outro dado que, como já foi exposto, contribuiu em muito para o estado nebuloso dessa questão: as críticas guiadas por um espírito progressista[5] que, por muitas vezes – e não só exclusivamente no caso de Pitágoras –, pinçaram dados relativos à sua noção restrita de teoria como "técnica" e excluíram o contexto histórico, a dimensão do que se entendia por teoria musical e, consequentemente, por música.

Como resultado, encontramos com bastante frequência compêndios de historiografia musical cuja ênfase é norteada segundo o "desenvolvimento técnico", apresentando uma visão falha (com saltos de até 500 anos), explicações incompletas e de difícil credibilidade.

---

5 No capítulo "História da música – problemas e fontes", Raynor (1981) também apresenta, criticamente, os problemas gerados pelas abordagens evolutivas e biográficas provenientes do século XIX e suas consequências na historiografia musical posterior.

Tomemos como exemplo[6] o verbete *Greece* do *The New Grove Dictionary of Music and Musicians*, reputada enciclopédia cuja primeira edição data de 1878. Dividido em dez tópicos (introdução, características gerais, música na vida grega, história, instrumentos, entonação, a teoria de Aristóxeno, sistema e harmonia, tonalidade: modo e clave, notação), a única referência feita a Pitágoras encontra-se no tópico "história" e coloca aproximadamente a seguinte observação: "a teoria musical começa a ser formulada no século V e atribui-se a Pitágoras a descoberta das razões numéricas": nenhum outro comentário a respeito. Ou, então, o tópico "Pitágoras" da Enciclopédia da Plêiade, o qual veremos a seguir:[7]

> Não se deve igualmente olvidar que foi na Magna Grécia que Pitágoras viveu e trabalhou, ocupando-se da Música, embora de um ponto de vista particular. Hoje, as doutrinas musicais do grande mestre podem parecer muito modestas, mas têm um lugar não só na história da música como também no pensamento humano. Pitágoras verificou que o som é produzido graças ao movimento do ar e que é tanto mais agudo quanto mais rápido é esse movimento. Não chegou, no entanto, a conceber a teoria das vibrações, e, ainda que o tivesse conseguido, não teria sabido como avaliá-las. O filósofo descobriu também que duas cordas da mesma espessura e igualmente tensas dão o intervalo de oitava se uma (a mais aguda) medir a metade da outra; o intervalo de quinta (dó-sol), se os respectivos comprimentos estão na razão 2 para 3; o intervalo de quarta (dó-fá), se os comprimentos estão como 3 para 4. Em conclusão, todas estas relações estão contidas no quaternário 1-2-3-4.
>
> As descobertas pitagóricas deslumbraram o mestre e os seus discípulos. Era a primeira lei física que o homem descobria e, na verdade, pareceu-lhes que não se tratava apenas de uma lei que acabava de ser descoberta, mas a Lei. Os conhecimentos bastante avançados da escola pitagórica em matéria de astronomia permitiram-lhes alargar esse princípio, aplicar essa Lei das coisas da terra às coisas do céu, do

---

[6] O fato de termos escolhido esses exemplos para ilustrar o problema não significa que se queira invalidar estes trabalhos. Muito pelo contrário, eles têm sua importância e, no caso do Grove, é a principal obra de referência da historiografia musical.

[7] Pela natureza do problema em questão, consideramos importante a citação completa do verbete.

som da lira às esferas supremas, do existente ao inexistente, do transitório ao eterno. A harmonia que regula o movimento dos astros não pode achar-se longe, dizia-se, da ordem que rege as relações dos mais simples intervalos fundamentais da música. Os astros que giram à volta dum centro comum devem, pois, mover-se a intervalos determinados segundo simples relações numéricas. Os números tornaram-se então a representação do mundo fenomenal, o meio que permitia à lei generalizar-se; e como os números provinham de relações musicais, as relações postas em jogo no cosmos eram, pois, relações musicais.

Com os séculos, semelhante concepção conservou algo da sua fascinação. Mas na Antiguidade alargou-se e desceu a pormenores em que uma incontrolável fantasia se substitui à observação científica que faltava. Esta fantasia conheceu o apogeu na fantasmagoria cosmológica da "harmonia das esferas". Neste caso, a palavra "harmonia" deve ser entendida no sentido grego (escala musical das esferas, portanto, e não concomitância dos sons produzidos pelas esferas): uma sucessão de sons ligados por relações determinadas. Tratava-se então de atribuir a cada astro um dos sons de uma gama escolhida. Aqui havia com que sustentar as ideias mais fantasistas e, com efeito, as hipóteses aventadas pelos Antigos a este respeito foram muito numerosas e, naturalmente, completamente arbitrárias.

As concepções matemáticas e intelectuais expostas pelo grande filósofo, alargadas a uma ciência extramusical e universal, tomaram a primazia sobre a prática musical, embora esta não fosse desprezada.

Aconteceu assim que "o grave Pitágoras rejeitou o testemunho da sensação na apreciação da música, dizendo que a virtude desta arte deve perceber-se (aprender-se) pela inteligência" (Pseudo-Plutarco, *De Musica*, XXXVII). Esta opinião encontrou oposição de Aristóxeno de Tarento, cujo ensino, pelo contrário, repudiava os argumentos de natureza "física" e matemática contidos na música, apoiando-se em um critério menos rigorosamente intelectual e na prática empírica dos próprios artistas. A luta entre as duas tendências opostas não cessou durante a Antiguidade, continuou na Idade Média e pode dizer-se que chegou mesmo até nós. Estas querelas ou divergências não retardaram a evolução da arte musical, mas os autores da Idade Média, ao escreverem sobre música, fundaram-se nas teorias de Pitágoras. De toda a teoria musical grega, uma só coisa sobreviveu ao desmoronamento do saber antigo: a sagrada tétrade pitagórica. A música, segundo a concepção do mestre, é considerada acima de tudo como uma ciência e, como pura especulação do espírito, tem o seu lugar entre as ciências do *quadrivium*.

Podemos observar que o verbete citado se distingue mais pelo tom de vagueza do que pelo esclarecimento. Assim como no primeiro exemplo, não explica a descoberta das razões numéricas, nem sua caracterização como "lei", o porquê da primazia das concepções matemáticas e intelectuais sobre a prática musical (nem mesmo quais seriam as características dessa prática), enfatiza uma cisão teórica com Aristóxeno, mas não se alonga na questão, não esclarece o que é a "sagrada tétrade pitagórica" (assinala apenas a "sobrevivência" dela) ... enfim, não estabelece nenhuma relação desses dados com a totalidade do pensamento da própria escola, nem intenta correlações com o pensamento de outras escolas filosóficas contemporâneas, nem com a matemática, a geometria, a história da ciência, a filosofia, a religião, a metafísica, a ética, ou seja, alguns dos componentes que acreditamos também permear a questão da "descoberta das razões numéricas".

Como já foi dito, apesar de toda a problemática que envolve a história da música, aqui a questão central reside na metodologia. Como consequência deste método unidimensional, encontramos afirmações sobre fatos e/ou períodos históricos com justificativas frágeis e inconsistentes, o que nos possibilita colocar em questionamento as próprias afirmações apresentadas. Em outros termos, quando um mesmo nome, neste caso "teoria musical" e "música", engloba conceitos diferentes, evidentemente a não compreensão dessas diferenças promove entendimentos equivocados.

Para que se possa dar prosseguimento ao raciocínio exposto, acreditamos ser necessária a apresentação de um painel geral, com o intuito de esclarecer nossa aplicação do método da *nova teoria musical*.

O trabalho será desenvolvido de modo concêntrico, apresentando dados e formulando questões no decorrer dos capítulos, com a finalidade de compor um quadro inter-relacional. Sendo assim, se por vezes algumas questões forem retomadas ou parecerem distantes do habitual entendimento de música, é necessário aclarar que esse procedimento é estratégico, pois a viabilização de nossa hipótese só pode ocorrer se olharmos nosso objeto de estudo como uma rede, um mosaico no qual nenhuma peça pode ser desconsiderada.

Primeiramente, será necessário mapear a constituição estrutural do conceito de *mousiké*. Esse quadro será dividido em dois capítulos, a saber: a) a passagem do mito ao *lógos*, a relação entre a palavra e o pensamento e o surgimento dos conceitos científicos e b) a ideia de cosmos, harmonia e *lógos* em três filósofos contemporâneos a Pitágoras: Anaximandro, Heráclito e Parmênides. No momento seguinte, apresentamos as questões relativas a Pitágoras e sua escola, inserindo nesse contexto as questões já levantadas nos capítulos anteriores. Finalizando, propomos uma releitura do conceito grego de *mousiké* no pensamento musical do século XX, por observarmos que há uma semelhança na construção teórica e ambiência musical descrita por alguns compositores contemporâneos, tais como Alexander Scriabin e John Cage.

Caberiam ainda, neste momento, as últimas considerações: o objetivo deste livro não é fazer um levantamento do pitagorismo na história da música, nem restringir nossa análise à explicação dos modos musicais gregos, muito menos pretende ser um trabalho de helenista; o rastreamento proposto apenas serve de base para extrair dos elementos pitagóricos aquilo que possa compor uma teoria do sentido de *mousiké*, ou seja, uma unidade semiótica que possa explicar a teoria musical de maneira crítica e heurística. E, dentre as respostas possíveis, destaca-se a que propõe a *mousiké* como um constructo lógico do mundo e a retomada desse conceito, em um outro contexto, na produção musical do século XX.

2 O QUE ENUNCIAMOS EM PALAVRAS...

O que enunciamos em palavras nunca é,
em língua alguma, aquilo que dizemos.

(Heidegger, *A experiência do pensamento*)

"Uma reconstrução histórica das concepções musicais da Antiguidade grega congrega problemas singulares de todos os gêneros: filosófico, musical, metodológico, inclusive terminológico." Essa observação feita por Enrico Fubini (1990, p.21) retrata, de modo claro e conciso, a opinião da maioria dos estudiosos que se debruçaram sobre as questões da música grega. Como ressalta o autor, a problemática da música grega torna-se ainda mais complexa quando relativa ao período arcaico (de Homero até o século V a. C.), pois as fontes que se referem a essa época chegaram até nós de forma fragmentária, indireta ou recolhida por autores bem posteriores. Apesar de toda a dificuldade para se distinguir o dado histórico, o mito e a lenda no conjunto de referências, os testemunhos – tais como os de Nicômaco de Gerasa, Aristóxeno, Plutarco

— revelam a existência de uma cultura musical bem estruturada, sobretudo pelo fato de que a música ocupava um lugar capital na formação da sociedade.

O que se pode dizer em linhas gerais é que o pensamento musical grego concebe o fenômeno musical de um modo complexo e multiforme, visto que entre os gregos a música mantinha vínculos muito íntimos com a medicina, a astronomia, a religião, a filosofia, a poesia, a métrica, a dança e a pedagogia. Portanto, é necessário um esforço mental muito grande para penetrar nesse universo musical, assim como abandonar qualquer juízo que tenhamos sobre a música dentro de nossa civilização (ibidem).

No entanto, encontramos nas primeiras páginas da conhecida *Paideia* de Werner Jaeger (1989) algumas considerações sobre o mundo grego que se assemelham às observações de Fubini. Como aponta este último, é necessário afastar-nos de qualquer julgamento que considere a música como um saber estrito e regionalizado para tentarmos penetrar no universo musical grego; e acreditamos que a melhor porta de entrada para vislumbrarmos esse mundo – cujo universo musical é apenas uma parte – seja a compreensão da passagem do mito ao *lógos* e a relação entre palavra e pensamento.

Jaeger assinala que, quando entramos em contato com questões oriundas do universo grego e tentamos definir conceitos de grande amplitude (como cultura, filosofia, harmonia, cosmos etc.), deparamos com uma espécie de resistência que, por vezes, nos impede de encerrá-los em uma única fórmula abstrata. O significado e o conteúdo desses conceitos só se revelam quando tentamos rastrear e ler sua história e seguimos seus esforços para conseguirem se plasmar na realidade.

No tocante à cultura, o autor destaca que hoje, quando usamos esse termo de maneira bem mais comum, o que estamos empregando na verdade é uma derradeira metamorfose do conceito originário. A formação do homem grego e, por conseguinte, todos os elementos que poderiam compor o termo "cultura" (ou na expressão mais adequada, *paideia*)[1] baseavam-se em um ponto de

---

1 Hadot (1984, p.11) assinala que o termo *paideia*, "educação", corresponde sempre ao que nós chamamos de "cultura geral".

vista que considerava "as coisas do mundo numa perspectiva tal que nenhuma delas lhes parecia como parte isolada do resto, mas sempre como um todo ordenado em conexão viva, na e pela qual tudo ganhava posição e sentido". Essa concepção é chamada de *orgânica*, "porque nela todas as partes são consideradas como membros de um todo", desdobrando-se, portanto, em todas as esferas da vida – pensamento, linguagem, ação e todas as formas de arte (Jaeger, 1989, p.8).

Talvez essa organicidade do pensamento grego, à qual se refere Jaeger, tenha sido fruto de alguns fatores, tais como o modo de apreensão do conhecimento de outras civilizações com as quais tiveram contato (como a egípcia e a babilônica), selecionando e aprendendo o que pudessem e transformando esses conhecimentos em algo que fosse mais reduzido, abstrato e racional (Bernal, 1991, p.37), ou ainda se deva ao fato de já existirem conceitos elaborados na mitologia dessas civilizações e também na mitologia grega aptos ao desenvolvimento filosófico posterior, como a ideia de unidade universal, as diferentes explicações dadas ao processo cosmogônico, a noção de uma necessidade de lei que a todos governasse, entre outros (Mondolfo, 1966, p.12-3).[2]

No século VI a. C., período no qual Pitágoras está inserido, a eclosão do pensamento racional inaugura uma nova etapa no mundo grego. Esse processo proveniente dos séculos anteriores, de progressivas transformações econômicas, sociais e técnicas, passa a oferecer ao homem explicações mais plausíveis, aprendidas pela experiência cotidiana e desvinculadas da antiga concepção divina e mítica da realidade. Também um outro componente, a ausência de um dogmatismo religioso, veio favorecer a laicização da cultura, colaborando com a exigência desta outra mentalidade que inicia paulatinamente a ordenação mais precisa das experiências sensíveis.

No entanto, sabemos que a sucessão do pensamento mítico ao racional foi instável – pois esses dois conceitos não se excluem de maneira rigorosa –, e que o lento processo de passagem de um para o outro talvez ainda não tenha acabado. Bruno Snell (1992), em

---

2   Cf. Taton (1994), Lloyd (1993), Dampier (1992) e Nestle (1987).

um texto no qual analisa esse momento de transição, destaca que os objetivos desses dois tipos de pensamento são muito diferentes. Segundo o autor:

> O pensamento mítico está intimamente relacionado com o pensamento mediante imagens e comparações. Ambos se distinguem do pensar lógico em virtude de este se esforçar num processo de busca, ao passo que as imagens do mito e as comparações se impõem à imaginação. Daqui resulta uma diferença material: para o pensamento lógico, a verdade é algo que se deve buscar, investigar ou estudar; é o "x" de um problema que importa resolver de um modo metódico, exato, em estrita conformidade com o princípio de contradição, cujo resultado será, em seguida, universalmente válido. As figuras míticas, pelo contrário, apresentam-se imediatamente como cheias de sentido e, de igual modo, as imagens das comparações falam uma linguagem viva diretamente compreensível; para o ouvinte, estão imediatamente presentes, tal como estavam presentes para o poeta, enquanto dom das Musas, como intuição ou como se quiser expressar. O pensamento mítico exige receptividade, e o lógico, atividade; este último, pois, só se desenvolve após o homem ter chegado à consciência da sua própria atividade e do seu espírito pessoal. O pensar lógico é um pleno estar desperto, ao passo que o pensamento mítico confina com o sonho, no qual, fora do controle da vontade, pairam as imagens e as ideias. (ibidem, p.282-3)

Continuando, Snell observa que um dos fatores que poderiam ter contribuído para a viabilização desse processo teria sido a criação dos nomes abstratos. Os nomes abstratos, inicialmente derivados de duas possibilidades existentes na língua – a substantivação de verbos ou adjetivos e a metáfora –, teriam sido posteriormente incorporados ao pensamento científico e filosófico por meio do raciocínio analógico.

> Na língua grega, a concepção "abstrata" de tudo que é espiritual e anímico forma-se diante dos nossos olhos de modo que podemos seguir com exatidão o desenvolvimento destas designações metafóricas. Inicialmente, o espírito concebeu-se segundo a analogia dos órgãos corporais e das suas funções: a *psyche* é o sopro, a respiração que sustém o homem em vida; o *thymós* é o órgão da "excitação" espiritual e o *nous* é o espírito que "vê" e "imagina" algo. O "saber" (*eidéinai*) é um "ter visto"; o "conhecer" (*gignóskein*) é um ver, o "compreender" (*syniénai*) está relacionado com o ouvir, o entender de

algo (*savoir-faire*) (*epístasthai*) está relacionado com o poder prático. "Processo", "método" e "progresso" do pensamento concebem-se segundo a imagem do caminho; já antes se tinha falado em "seguir" um discurso, ou "decurso" de um poema, segundo a mesma metáfora do caminho. (p.255)

Em um outro capítulo da mesma obra no qual analisa a formação dos conceitos científicos, Snell (p.285-303) pauta-se por uma perspectiva filológica, mas não com o intuito de julgar as capacidades da linguagem para exprimir os conhecimentos científicos, tampouco o valor objetivo e a validade desses conceitos: sua perspectiva se atém à linguagem como "veículo do espírito humano e meio de acessar o conhecimento".

No início do texto, Snell destaca o fato de que parece ser apenas no grego que podemos observar essa relação entre língua e formação de conceitos científicos desenvolvida de maneira orgânica a partir da língua; essa organicidade teria se registrado aqui de maneira autóctone, e todas as outras línguas, apesar das transformações e traduções próprias, seriam, de certa maneira, apenas herdeiras desse procedimento.

É também nessa perspectiva que Guthrie (1992, p.10-1) assinala a dificuldade de compreensão do pensamento grego, pois nesse caso a "linguagem e pensamento se entretecem inextricavelmente e atuam um sobre o outro"; como decorrência dessa dificuldade, o autor observa que hoje, quando utilizamos palavras equivalentes a conceitos, tais como "virtude" e "justiça", não só perdemos parte do conteúdo original, como também corremos o risco de fazer associações estranhas e de por muitas vezes atribuir significados diferentes aos contextos nos quais essas palavras eram utilizadas.

Retornando a Snell, o que ele pretende demonstrar é que o ponto de partida para a formação dos conceitos científicos em grego teria sido a gradativa formação do artigo definido a partir do pronome demonstrativo, passando de artigo especificativo (de valor particular) para artigo generalizador (de valor geral).

Segundo o autor, o artigo permite converter um adjetivo ou um verbo num nome comum, e tais substantivações na linguagem científica e filosófica fornecem ao pensamento "objetos" definidos e permanentes. No entanto, esses substantivos são diferentes dos nomes comuns usuais para as coisas e os objetos, sendo as coisas e objetos genuínos também diferentes dos "objetos do pensamento" designados pelas substantivações.

Existem, aparentemente, três formas diversas de substantivos: o nome próprio, o nome comum e o nome abstrato. O nome próprio designa um indivíduo singular, é apenas a marca particular de alguma coisa porque "reconhecemos" o que já "vimos"; sua função é fazer do individual, do particular, o objeto de um enunciado.

O nome comum, ao contrário, implica um princípio de classificação, do qual deriva a classificação científica; algo designado por um nome comum proporciona um conhecimento sobre alguma coisa. Por exemplo, "isto é uma mesa" (nome comum) é um enunciado diferente de "este é Sócrates" (nome próprio).

No entanto, abstrações como "o pensar", o "universal" não são ainda nomes próprios, pois eles não designam nada de individual, particular, nem condensam, como o nome comum, uma multiplicidade de objetos, razão pela qual os nomes abstratos não possuem plural. O nome abstrato só chega à sua perfeição com o artigo determinado generalizador.

Ainda com relação aos nomes abstratos, podem-se identificar dois tipos, que posteriormente irão se distinguir dos nomes próprios e dos comuns: num primeiro momento, as abstrações que eram os nomes próprios míticos, como o *Phobos*, que em Homero indica o fato de ter medo; uma outra forma de nomes abstratos encontra-se ainda nas designações dos órgãos corporais, na medida em que designam suas respectivas funções.

Por exemplo, em uma frase como "tem uma boa cabeça", o termo "cabeça" não se refere ao objeto em si, mas sim às suas capacidades, pois como metáfora visa exprimir uma função (como "seu pensamento é justo, é bom"). Porém, em ambos os casos – o nome próprio mítico e o nome comum empregado como metáfora –, o objetivo do termo abstrato é referir-se a algo vivo, animado, espiritual, capaz de se mover, características estas que tanto um como outro não podem apreender.

Mas para que a ciência seja possível, observa Snell, o corpóreo e não corpóreo devem estar nitidamente separados. É necessário distinguir o que se move e o que é movido, a matéria e a energia, os objetos e suas qualidades. E isso só é possível quando podemos designar o imaterial de maneira clara e específica. Para tanto, é necessária a substantivação do verbo e do adjetivo.

Em tais substantivações, o artigo definido tem uma tripla função: apreende e fixa o imaterial (o que não tem caráter de coisa), eleva-o a coisa universal, individualiza esse universal em algo de determinado, para sobre ele poder fazer enunciados. Mas o fato de que o artigo definido confere, ao mesmo tempo, ao substantivo as características de um nome abstrato, comum e próprio torna-se mais claro quando ele tem por função elevar o nome comum a conceito universal. Vejamos, logo a seguir, a explicação desse tópico nas palavras do autor.

Como já foi mencionado, o artigo definido provém do pronome demonstrativo, e este último tem por função limitar um nome comum à função de nome próprio; portanto, quando dizemos "este leão", estamos nos referindo a algum leão específico e não a um leão qualquer. No entanto,

> O artigo surge quando, no nome concreto, se depara tantas vezes com o significado geral que a designação do singular, do determinado, exige o acréscimo de uma determinação individualizante. Quanto mais claro aparece o caráter geral de um nome concreto tanto mais se vê como o nome comum enquanto designação da classe é, de fato, um predicado: *oýtos léon èstín*, "este é (um) leão". Em grego, isto sobressai de modo particular sempre que, como predicado, o simples substantivo se encontra sem artigo. O leão individual, que eu assinalo com o artigo definido, é objeto de uma oração: "o leão é velho", etc. O nome concreto com o artigo definido fixa e individualiza, como se fora um nome próprio, algo de determinado, que "é leão". Por seu lado, o artigo generalizador faz do que originalmente é oração um objeto da oração. "O" leão, enquanto conceito científico, compreende tudo o que "é" leão. Assim se institui um novo objeto. "O leão" distingue-se de "os leões" ou simplesmente "leões" porque engloba, para além dos leões empíricos e concretos, e apesar do seu número, a soma de todos os leões conhecidos ou concebíveis ...
> O "universal" do conceito encontra-se, pois, originariamente fundado no nome concreto porquanto este pode atuar como predicado, sem que aí resida já de antemão uma abstração ... A abstração só surge quando este universal se institui como algo de determinado mediante o artigo e a sua força alusiva e demonstrativa, pelo que o universal adquire o valor de um nome próprio e se torna assim "objeto do pensamento" ("este animal chama-se leão"). O conceito assume, pois,

em si rasgos que são característicos dos três grupos de substantivos: nomes próprios, nomes comuns e nomes abstratos – o elemento lógico resulta justamente da combinação dos três motivos, e por isso mesmo é tão difícil apreendê-lo em sua especificidade. (Snell, 1992, p.290-1)

Continuando, Snell assinala que, no domínio do pensamento e conhecimento, o resultado e a ação podem ser interdependentes e, portanto, os substantivos derivados dos verbos podem, às vezes, indicar, da mesma maneira, o órgão, a função e o resultado: "*nóos* é o espírito que concebe algo; mas pode também designar o próprio ato de entender, mais ainda, a representação individual, o pensamento; *gnóme*[3] é o espírito que conhece, o ato de conhecer, mas também o conhecimento singular" (ibidem, p.293). Mas a linguagem filosófica aprende a distinguir de maneira mais precisa, formando nomes abstratos que indicam com maior exatidão o pensamento, o conhecimento, entre outros: todos os deverbais com terminação em *sis*, como *nóesis*, *gnósis*, servem para expressar conceitualmente a ação.

Finalizando, o autor conclui que o nascimento dos conceitos científicos só foi possível graças a uma lenta interpenetração de todas essas particularidades gramaticais da linguagem que, segundo suas próprias palavras, já seria portadora de uma característica "lógica". Essa lógica, intrínseca em sua organização, é o pressuposto universal, uma condição preliminar necessária para a elaboração do pensamento e linguagem racionais para toda a filosofia e ciência, independente de seu objeto particular.

Em uma perspectiva semelhante à de Snell, Johannes Lohmann (1989, p.31-5), um outro estudioso desse período, conduz seu raciocínio sobre a relação palavra-pensamento, partindo da análise do conceito de *lógos*. Segundo a hipótese do autor, o conceito de *lógos*, que seria o eixo comum das disciplinas que posteriormente irão constituir as sete artes liberais da Idade Média, parece ter recebido três significados distintos em sua origem: a) a frase na língua e, de maneira geral, a palavra; b) a definição lógica; e c) a relação matemática. Estas três significações – linguístico-gramati-

---

[3] Segundo Peters (1983, p.94 e 160), "*gnósis*", "conhecimento", e "*nous*", "inteligência, intelecto, espírito". Ver também Bailly (1963, p.410 e 1332).

cal, lógica e matemática – devem, segundo o autor, ser pensadas unitariamente, pois o que teria se originado disso é o que hoje chamaríamos (em termos modernos) de ciência, uma concepção ou visão científica do mundo.

Essa visão científica, oriunda do mundo grego, encontra sua expressão original em dois aspectos da linguagem em que aparece a palavra *lógos*, ou seja: a) *lógon didónai*, perceber, tomar consciência, dar-se conta (de um estado ou processo) e b) *lógon ékhein*, estar em uma relação determinada (determinável matematicamente). O resultado disso é que em grego existe uma coincidência entre a própria relação e o fato de se perceber (na língua) essa relação.

A importância dessa coincidência vem demonstrar que o conceito de língua para os gregos é diferente do nosso, pois nosso conceito repousa sobre a dissociação entre a coisa pensada e sua expressão, da expressão e do pensamento que se exterioriza nela; já em grego, a representação que parece persistir é aquela em que cada coisa possui um nome que permite nomeá-la.

Dessa maneira, a língua, entendida aqui como expressão do todo, se dissolve em perspectivas bem diferentes, cada uma considerada por si mesma; e de maneira geral, podemos dizer que, quando eles falam de "língua",[4] esta palavra na realidade significa outra coisa.

Lohmann observa que a condição de possibilidade de tal consciência da língua se localiza no que ele denomina "visão ou concepção científica do mundo", e que esta nasce como *lógon didónai*: perceber o que é mediante o que é. A consequência disso, hoje extensiva a todos, é o conceito e a representação das formas das coisas fenomenais, distintas dos fenômenos sensíveis variados e variáveis. Primeiro como *práxis* e depois como teoria[5] (que os gregos chamavam de filosofia), constitui-se uma semântica formal que, uma vez desenvolvida, originou os conceitos científicos.

---

4 Lohmann assinala que, em grego, existem várias palavras que podem ser traduzidas por língua: *tà ònómata, phoné, diálektos, lógos, léxis, érmeneia, glotta*.
5 Ullmann (1989, p.137): "*theouria* e *theourein* quer dizer 'contemplar, inspecionar, olhar atentamente'. Traduz uma experiência 'visual' (uma vidência), tanto no sentido sensorial (dos olhos) como em sentido intelectual (olhos da razão ou *nous*)".

O conceito científico, em oposição à fluidez da língua diária, se caracteriza pelo fato de definir, precisamente ou, em todo caso, de ser pensado como uma definição (delimitação) precisa. Isso pressupõe: a) a delimitação de maneira geral, "determinação" que sempre deve levar em consideração a forma de uma oposição, de uma alternativa, e b) a recondução a um "princípio" no qual os encadeamentos de conceitos, primeiro no interior de um domínio, depois em sínteses cada vez mais vastas, encontram sempre sua última fundação.

Por esse motivo, seria possível reconstituir nos séculos VI e V a. C. uma ampla terminologia científica que pode ser reconhecida não somente por sua coerência sistemática e sua grande precisão, regulamentando-se sobre alternativas, mas também por fenômenos gramaticais ou lexicais que se distinguem claramente do vocabulário usual da língua grega. No entanto, essa terminologia se diferencia da terminologia científica ulterior (apesar de esta última também manter sua precisão) pelo fato de não ter perdido a força de nominação original apropriada ao "nome"; o "termo" só irá aparecer após a total dissociação do pensamento com relação à sua expressão na língua.

Vejamos o seguinte exemplo: os conceitos desta primeira terminologia pertencem às quatro disciplinas matemáticas das artes liberais da Idade Média, ou seja, a aritmética, a geometria, a música e a astronomia. O conceito de ângulo, em grego *gonia*, de *góny*, "joelho" ou mais precisamente "flexionamento dos joelhos", "genuflexão" (os dois lados de um ângulo em um triângulo se chamam em alemão *schenkel*, o que significa simultaneamente "coxa" e "ângulo"), porém ao mesmo tempo "canto, esquina", do qual também *trígonon*, "triângulo" (trígono) etc. *Gonia* é o conceito genérico, o princípio (a *arché*) de um domínio que se abre com ele e depende dele, ou seja, a teoria das figuras geométricas e suas relações.

Na mesma esteira do exemplo citado, podemos dizer que Lloyd (1990, p.138-9)[6] acrescentaria:

---

6 As notas subsequentes (7 a 10) pertencem ao livro de Lloyd. Achamos pertinente reproduzi-las integralmente aqui para não prejudicar o texto do autor. Essas notas encontram-se na p.342 da obra citada.

Para certas questões, a terminologia antiga se afasta significativamente daquela que o debate moderno utiliza. É assim que na língua grega clássica não existe uma equivalência exata ao nosso termo "observação";[7] o termo grego usual, *têrêsis*, não é empregado neste sentido antes da época helenística.[8] Entretanto, se eles não fazem referências à "observação" como tal, certos autores dos séculos V e IV a. C. têm muitas coisas a dizer sobre a *aisthesis*, a percepção, sobre os *phainomena*, "as coisas que aparecem", sobre os signos (a propósito do qual eles elaboram um vocabulário extenso)[9] e sobre a "investigação" ou a "pesquisa", *historia* (termo que, como para nós a palavra "pesquisa", engloba bem mais do que nós chamaríamos de pesquisa *experimental*).[10] Enfim, *peira* e *empeiria*, de *peirasthai* ("experimentar"), designam habitualmente a "experiência".

Após essas considerações sobre a relação da palavra e pensamento, pode-se começar a montagem de uma cartografia do mundo grego, no qual o universo musical está inserido.

Se pensarmos amplamente sobre os aspectos ora apontados, sempre à luz da concepção "orgânica" citada por Jaeger, podemos identificar a existência de uma certa indissociabilidade entre o ato de pensar e a nomeação, pois pensar é trazer a coisa pensada *na* nomeação, e não pensar *sobre* a coisa. Em outras palavras, pode-se dizer que o nomear, ou ainda, definir um conceito, é trazer para

---

7 "Mas o vocabulário grego é rico em termos para 'ver', 'olhar', 'observar', 'prestar atenção à', como *horan, blepein, skopein, skeptesthai, theasthai, theôrein, athrein, leussein, derkesthai, noein* e seus compostos. O último termo, que significa simultaneamente 'ver' ('observar') e 'compreender', se correlaciona a *nous*, o 'espírito', a 'razão'; em certos contextos ele faz a ligação entre sensação e razão."

8 "Na origem, nos séculos V e IV, essa palavra significa 'guarda' ou 'proteção' (Aristóteles, Pol. 1308...); mas o verbo *têrein* se emprega regularmente para 'olhar atentamente' e Aristóteles utiliza-o a propósito de observações astronômicas e zoológicas."

9 "Os principais termos são *sêmeion* ('signo', cf. *sêmainein*, 'significar'), *tekmêrion* e *martyrion* ('testemunho', cf. *tekmairesthai*, 'concluir', *martyresthai*, 'invocar o testemunho', *martyrein* 'testemunhar'); o mesmo vocabulário é comum à pesquisa científica sobre a natureza e a outros domínio como a justiça e a pesquisa histórica."

10 "Ver igualmente outros termos para 'pesquisa', tais como *zêtêsis* (cf. *zêtêma*, 'objeto de pesquisa', todos os dois derivados de *zêtein*, 'procurar'), *ereuna* (cf. *ereunam*), *skepsis* (cf. *skeptesthai*, 'olhar') e cf. *heurêma*, *heuresis*, 'descoberta', 'invenção', derivados de *heuriskein* ('encontrar')."

sua nomeação algo que já está, é dar voz, é fazer aparecer em seu dizer, em seu enunciado, alguma coisa que já pertence a ele.

Assim, fazer aparecer no enunciado de um conceito algo que já lhe pertence é apresentar, em primeira instância, seu significado mais geral; o significado particular, sujeito ao contexto, é apenas um aspecto desse conceito global. Dessa maneira, a formação dos conceitos no mundo grego, sejam eles científicos ou filosóficos, é sempre articulada em duas instâncias – particular e geral –, e por isso formam uma rede de significados complementares, o que impossibilita a redução trazida por apenas uma interpretação. Isso fica claro quando nos reportamos aos exemplos citados. Essa complexidade, decorrência da tensão entre o pensar e o dizer, aciona o pensamento em seu poder de síntese; e esta última, por sua vez, deixa-se transparecer quando nos reportamos aos excertos dos pensadores da Antiguidade, na qual sentenças de cinco ou seis palavras são novelos que se des(eno)velam trançando outros: nesse sentido, o encanto e a dificuldade, cuja interpretação superficial pode deixar a margem ou nublar ainda mais suas ideias.

No entanto, quando essas questões são trazidas para o universo musical, nos remetem aos questionamentos já levantados. Se considerarmos o conceito de *mousiké* como um desses conceitos de grande amplitude, podemos supor sua compreensão em duas instâncias: no âmbito particular, quando se referindo às especificidades da linguagem musical; e geral, ultrapassando esse nível e se entrelaçando aos significados de outros conceitos de mesmo patamar, como harmonia, cosmos e *lógos*. Portanto, presume-se que, para os pitagóricos, a teorização musical era bem mais do que a "organização dos sons" e que essa teorização tivesse um outro significado, talvez cosmológico ou mesmo lógico.

A partir dessas premissas, torna-se viável o primeiro delineamento estrutural do conceito de *mousiké*: como conceito de grande amplitude era compreendido em dois sentidos, particular e geral; daí, que ele não enuncie apenas o que soa, mas também aquilo que permite o soar, ou seja, as leis de organização, um princípio universal que subsume toda particularidade.

E como enunciar um conceito é mapear primeiramente seu significado mais geral, é pelo viés da *polimorfia* que a *mousiké* será apresentada.

UMA PRIMEIRA LEITURA DE MOUSIKÉ

Retomemos Enrico Fubini (1990, p.31):

> No conceito de *mousiké* achava-se compreendido um conjunto de atividades bem diversas, ainda quando todas elas se integraram em uma única manifestação; o termo música incluía, sobretudo, a poesia, assim como também a dança e a ginástica. Uma educação de cunho aristocrático exigia, pois, o aprendizado da lira, do canto e da poesia, assim como da dança e ginástica.[11]

Esse significado composto de *mousiké*, que pelo visto remonta a um tempo imemorial, vai perdurar durante muitos séculos na Antiguidade, pois referências mais recentes que acentuam este caráter poliédrico encontram-se nos diálogos de Platão na *Política* de Aristóteles.[12] Algumas pistas dessa polimorfia, no entanto, já se encontram na própria etimologia da palavra:

> *Mousa:*[13] a) "musa", geralmente ao plural; desde a epopeia, as Musas são em número de nove; sob a condução de Apolo, elas regozijam os deuses do Olimpo por seus cantos e seus coros; são as deusas dos campos e das montanhas e Hesíodo evoca as Musas do Hélicon; aos homens elas doam a inspiração poética, mas também o conhecimento e elas são filhas de Mnemosyne ... por extensão "poesia, música, cultura"...
> b) vários compostos: no primeiro termo, "condutor de musas", epíteto de Apolo ... no segundo termo: *a-mousos*, "inculto", do qual *amousia*, "incultura, ignorância"...

---

11 Cf. Hadot (1984, p.98): "Para os gregos e os romanos, as Musas sempre foram as deusas protetoras da educação. Como a educação equivalia, na época clássica, ao conhecimento da literatura, ou seja, sobretudo a poesia, estreitamente ligada com a música e a dança, as Musas foram, primeiramente, colocadas em relação, de uma maneira mais ou menos estreita, com estas manifestações artísticas literárias que compreendiam a *mousiké*".
12 Em Platão, ver *República* (III, 398a-402e; 411 e 412a; IV, 424a-c; VII, 530 e 531a-c; IX, 591c-d; X, 614a-621d); *Fedon* (60 e 61a); *Fedro* (248d); *Leis* (II, 658-659; VII, 802a-d); *Timeu* (47-48, 53a-b, 90d); em Aristóteles, *Política* (VIII – em certas edições, o livro VIII corresponde ao livro V).
13 Cf. Roque (s. d., p.29-30): "a palavra *mousiké*, adjetivo de *mousikós*, considerada em si, significa musical, aquilo que se relaciona com as Musas. Usa-se *mousiké*, subentendendo-se *techné* ou *episteme*. *Mousiké* tem, portanto, a raiz de *mousa* e por isto torna-se clara sua relação com as Musas".

c) derivados (adjetivos): *mousikós*, "que concerne às Musas, que é dotado pelas obras das Musas, culto, refinado, elegante", como *mousiké*, "arte das Musas, música e poesia, cultura, filosofia"... o latim emprestou do grego as palavras *musa, musica, musaeum*, e em francês a relação entre *Muse, musique* e *mosaïque* não é mais percebida; no grego moderno encontramos *Mousa, mouseion* e *mousiké* no sentido "europeu" de "museu, música"...

d) etimologia:[14] a significação original da palavra é de tal maneira mal definida, que permite levantar várias hipóteses etimológicas para tentar explicá-la. Dentre estas vamos apontar duas bastante discutíveis e uma, ao menos, plausível ... Partindo de *month-ya*, o que permite uma aproximação com *manthanein*, "aprender" e com a mesma raiz *men*, talvez se pudesse chegar a *mousa*, "o que deseja instruir ou a que fixa o espírito sobre uma ideia ou sobre uma arte". (Chantraine, 1980, p.716)

A definição anterior reforça sobremaneira a ampla gama de atribuições de *mousiké*, pois, como podemos verificar, o conceito pode ser compreendido como:

• Quando associado às Musas, é portador da inspiração poética e do conhecimento.

• Extensivo à cultura, e, no caso contrário, como sua negação *a-mousos*, "inculto", "ignorante".

• Também extensivo à música (em sentido estrito), poesia, filosofia.

• No grego moderno encontra-se a palavra "música", porém entendida no sentido "europeu" (isso atesta a diferença de significado que esta palavra adquiriu posteriormente com relação à sua concepção original).

• A explicação etimológica mais provável associa a palavra *mousa* a *manthanein (manthano)*, "aprender", sendo essa última também raiz da palavra "matemática".[15]

---

14 Aqui utilizamos Brandão (1991, II, p.150), pois sua explicação é mais clara e toma como fonte o mesmo verbete de Chantraine.
15 Chantraine (1980, p.664): "*manthano*: 'aprender'; a nuança expressa nos textos mais antigos é 'aprender praticamente, aprender por experiência, aprender a conhecer, aprender a fazer', porém termina por estar próxima do sentido de 'compreender' ... nomes de ação: *mathesis*, 'fato de aprender', *mathema*, 'o que é aprendido', 'conhecimento'; no plural *ta mathémata*, 'as matemáticas'; com o derivado *mathematikós*, 'quem deseja aprender cientificamente, matematicamente'".

Nos mitos mais antigos sobre a música, Orfeu e Dioniso, encontra-se uma união indissolúvel entre o canto e o som da lira, além de uma potência mágica e obscura que subverte as leis naturais e que propicia a reconciliação dos princípios opostos que regem a natureza em uma unidade – vida-morte, bem-mal, entre outros; acentua-se, assim, o caráter mágico-religioso.[16]

Em Homero,[17] a música abarca não apenas funções recreativas, como ainda ético-cognoscitivas, pois era indispensável no acompanhamento do canto ou da dança, também um meio para colocar em evidência, suscitar sentimentos ou recordar situações peculiares, ou mesmo essencial na educação da classe aristocrática. Com Damon, acentua-se a ideia de que a música exerce uma direta e profunda influência sobre os espíritos e, por consequência, sobre a sociedade em seu conjunto: desta crença, o ajuste dos modos musicais a determinados *éthoi (éthos)*, ou seja, a diferentes caracteres ou estados anímicos, atribuindo à música uma função educativa.

Como aponta Lippman (1975, p.87-90), tanto a filosofia do *éthos* como a metafísica da harmonia[18] são baseadas em uma concepção genérica da música. No entanto, essa concepção genérica da qual provém o *éthos* apresenta-se de uma maneira diferenciada, pois não privilegia a estrutura harmônica da natureza e do homem como no caso da metafísica, mas acentua o caráter rítmico da arte musical, englobando assim a dança, a poesia e a melodia. Desse ponto de vista, a música restringe-se ao fenômeno sensório e o som permanece vinculado ao significado verbal e ao movimento.

Pode-se observar, nesse caso, um resultado bastante concreto. No entanto, essa concretude possui um *status* ontológico mais bai-

---

16 Sobre o caráter mágico da música, em especial nos órficos e pitagóricos, ver Boyancé (1972, p.9-147).
17 *Ilíada*, I, 472 e 601; *Odisseia*, VIII, 44-45 e 261 ss.; XXII, 344 ss.
18 Cf. Chailley (1979, p.23): "nenhum termo desencadeou tanta discussão e contrassenso quanto a palavra *harmonia*, comumente empregada pelos gregos não apenas na música, mas também na física, na filosofia etc. 'A harmonia é, de um modo geral, o que aproxima e mantém unido, em detrimento de suas oposições, os elementos contrários dos quais as coisas são formadas'. Essa definição, proveniente de um historiador da filosofia [P. Rivaud], é também melhor para um historiador da música".

xo, pois aqui a música é apenas um fenômeno sensório e, assim, parte do mundo ilusório da mudança: ela é apenas a imitação de outros fenômenos sensórios, uma aparência fugidia, que pode influenciar, perigosamente ou não, o estado de espírito humano. Por isso, "não podemos descartar a esfera da filosofia grega que se relaciona com a natureza imitativa da música ... o pensamento antigo focaliza valores educacionais e políticos na música 'sonora' ... da mesma forma que pensamento musical conserva uma conexão metafísica na qual está implicada a noção de imitação" [19] (ibidem, p.88).

Nessa perspectiva, a harmonia (mais voltada para a metafísica) e a música (voltada para o concreto) apresentam significados bem diversos, e o papel desempenhado pelo som nesses dois âmbitos torna-se diferente. No caso da harmonia, os intervalos e as escalas musicais são meramente demonstrativos da concepção de ordem e a sonoridade é completamente irrelevante; já para a música, como compósito de melodia, poesia e dança, o som torna-se essencial.

Assim, a harmonia das esferas é silenciosa, mas a música das esferas é audível, o que demonstra, em última instância, o duplo aspecto do conceito grego de cosmos,[20] o que também nos remete aos dois aspectos do universo musical pitagórico: o científico e o poético.

Continuando, Lippman acrescenta que o lado concreto da música, associado ao *éthos*, e o abstrato, derivado da metafísica, parecem nunca terem sido considerados separadamente nos primórdios dos estudos teóricos musicais, pois o termo "música" é muitas vezes utilizado como designação para "harmônico"; porém a recíproca não é verdadeira, na medida em que o termo "música" designa ainda um amplo campo de investigação, o que atesta o uso

---

19 Relaciona-se ainda à questão do *éthos* a criação dos *nomoi* (*nomos*). Este termo, que em sua origem significava "lei", indicava as composições (ou melodias) cuja execução era destinada a diferentes circunstâncias particulares. Observe-se ainda que, por vezes, a sequência da execução estava subordinada aos efeitos que deveriam produzir. Ver ainda Fubini (1990, p.35-6); Chailley (1979, p.211-2); Lang (1963, p.6-7).
20 Peters (1983, p.132-3): "ordem, ordem deste universo, o universo como ordem"; ver também Bailly, (1963, p.1125).

desse termo como título de tratados de rítmica, uma outra área dos estudos teóricos musicais.[21] Colaborando em parte com as questões ora colocadas, Annie Bélis (1992, p.201-2) destaca o fato de que para compreender a ciência musical grega é necessário deixar bem claro os dois aspectos que a compunham. De um lado, a prática dos *virtuoses*, instrumentistas, cantores e citaristas que se apresentavam nos concursos, e possuíam escolas com a finalidade de transmitir seus conhecimentos aos alunos, que naturalmente se tornariam também profissionais.

No que se refere à teoria musical, essa apresentava uma acepção muito ampla. Objeto de tratados teóricos e também de controvérsias nas grandes escolas filosóficas, a *harmoniké* restringia-se a uma reflexão sobre a natureza da ciência musical, seu método e condições nas quais se desenvolve o *mélos*, ou seja, sobre o fato musical e seus diversos componentes (natureza do som, consonância e dissonância, sistemas, entre outros). Observa-se ainda que, até o século V de nossa era, estas duas vertentes eram completamente distintas.

Nos escritos relativos a *harmoniké*, essa diferença se traduz, segundo a autora, concretamente em três pontos fundamentais: a) nenhum tratado evoca a existência de obras musicais, cita os nomes dos compositores ou fornece exemplos musicais; b) essa carência de informações encontra sua justificativa no fato de que os tratados antigos ignoravam a composição e a escritura musical, pois pensavam que esses aspectos não pertenciam à teoria, mas sim à prática e; c) não se encontra praticamente nenhuma notação musical nessas obras. Acrescente-se ainda a vinculação dos teóricos a uma dada escola filosófica, o que direciona seus pressupostos a se

---

21 Uma confirmação disso é o fato de encontrarmos basicamente dois tipos de títulos nos escritos da Antiguidade (e também Idade Média): os tratados, que se intitulam *De Musica* (como Plutarco, Filodemo, Johannes de Groccheo – este último autor do século XIV), abordam a música em um sentido amplo, passando pelos aspectos específicos, assim como os metafísicos, filosóficos, entre outros; em contrapartida, os *Elementos harmônicos* (Aristóxeno) e *Le Institutioni Harmoniche* (G. Zarlino, século XVI), que se atêm quase que exclusivamente aos aspectos teóricos técnicos.

inscreverem no sistema em questão, tirando deles os seus princípios e métodos.[22]

"Mas se a *harmoniké* é parte da música", observa Lippman, "a música é, por sua vez, parte da harmonia", e essa relação sustenta, ao mesmo tempo, o fenômeno sensível, sua teoria e filosofia. Mais importante do que ressaltar a distinção entre metafísica da harmonia e teoria do *éthos* é perceber sua interconexão, o que vem demonstrar a profunda unidade da filosofia musical grega. Pode-se dizer ainda que, em virtude dessa interconexão, tanto o fenômeno sonoro quanto sua teoria específica refletem a estrutura harmônica do cosmos, assim como todos os seus atributos.

No que se refere à conexão entre a música e a dança, pode-se dizer que o ponto central se encontra na ideia de que os movimentos harmoniosos do corpo procedem da mesma natureza da melodia e das palavras, ou seja, da mesma natureza equilibrada que o homem sensato privilegia. Além do mais, essas três artes possuem um elemento comum, ou seja, o ritmo, que regula ao mesmo tempo as palavras, os sons e os passos. Como arte individual, a dança possui três funções principais: a expressão da alegria e a homenagem religiosa, a formação dos corpos belos e a formação baseada na "medida", no espírito equilibrado, enfim, educativa (Moutsopoulos, 1989, p.119). As sugestões de um mimetismo entre o canto e a dança podem ser atestadas pelos vocábulos comuns às duas áreas.

Combarieu (1978, p.134-6) assinala que a palavra *choreyein*[23] significa ao mesmo tempo "dançar *e* cantar"; a "orquestra", lugar no qual se localiza o coro para cantar, é uma palavra formada por *orchesis* (dança). Os primeiros autores de dramas líricos eram chamados de *dançarinos* e o próprio drama lírico é uma "imitação". A

---

22 Segundo Comotti (1989, p.83-4), a teoria musical grega desenvolveu-se em dois níveis distintos: por um lado, derivada da escuta da *performance* musical e, por outro, dos resultados numéricos dos experimentos acústico-matemáticos.
23 Chailley (1979, p.218): "*choreia*, 'dança'; *choros*, coro e seus derivados"; Moutsopoulos (1989, p.112): "Com efeito, a *choreia* sendo um conjunto de palavras, de sons e movimentos corporais, essa estreita ligação entre o elemento orquestral e o elemento propriamente musical está bem sublinhada pelo termo que indica a função combinada de cantor e dançarino".

dança trágica se chamava *emmeleia*,[24] o que significa "dança inserida no canto". O ritmo do canto era regulamentado pelo ritmo das palavras,[25] e a técnica do ritmo verbal tinha emprestado à dança uma parte de sua terminologia: o pé (a medida), a elevação e a descida (do pé, *arsis, thésis*) para indicar os tempos fracos ou fortes.[26]

Havia ainda outros tipos de danças[27] que se desenvolveram posteriormente, chamadas "ginásticas". O que caracterizava este tipo de dança eram os seus movimentos sem nenhum fim utilitário ou representativo. São danças miméticas desapropriadas – análogas à música instrumental, que nesse caso não é outra coisa senão um canto desprovido de palavras e transposto. Assim como o canto, a dança tornou-se cada vez mais abstrata.

---

24 Chailley (1979, p.207): *emmelés*, "conveniente ao canto"; Reinach (1975, p.148): *emmeleia*: a parte lírica da tragédia antiga, executada pelo coro durante os intervalos da ação. São odes acompanhadas por lentos movimentos orquéstricos. Sobre música e dramaturgia antiga, ver também Moutsopoulos (1975).
25 A questão do ritmo foi bastante desenvolvida pelos gramáticos. Ver em Chailley (1979), o Apêndice 2 ("Table numérique pour l'identification des vers gréco-latins") e Sachs (1953, p.115-46).
26 Cf. Reinach (1975, p.72 ss.): "Em uma língua como o grego, cuja pronunciação e a versificação são essencialmente fundadas sobre o princípio quantitativo, essa confusão é inevitável: o ritmo das palavras se impunha na melopeia ... Entretanto, à medida que as formas dos versos mais usuais [se afastam do universo musical] e se prestam à simples recitação e mesmo à leitura muda, e por outro lado, que a música instrumental, especialmente a música do aulos, desenvolve suas fontes próprias, a rítmica se constitui uma disciplina separada ... Entretanto, esta conservou em sua terminologia e também em suas regras técnicas muitos dos traços de sua antiga origem e de sua estreita ligação com a métrica"; e "A melopeia antiga, vocal ou instrumental, é sempre acompanhada de movimentos corporais ritmados, operados pelo próprio executante. O gesto mais frequente consiste em levantar e abaixar sucessivamente o pé. A elevação, *arsis*, a descida, *thésis*..." (p.77); ver também Sachs (1953, p.128-32).
27 Moutsopoulos (1989, p.136-7) atesta quatro tipos de dança na Grécia: a) processional, essencialmente grave, destinada ao culto e dominada pelo sentimento religioso; b) mimética, que exprime ou imita uma atitude humana numa dada circunstância; c) cinética, que exprime o mundo interior pelos gestos e confere a este uma superioridade; d) acrobática (ou ginástica), que exibe a destreza, o equilíbrio privado de expressão e de toda significação espiritual, com o intuito de distrair os espectadores.

No que tange à questão da música e da poesia, também sua origem remonta a tempos imemoriais. Seu propósito funcional é prover um registro contínuo em culturas orais, utilizando técnicas mnemônicas e reforçando os ritmos da métrica verbal associado aos ritmos da dança, dos instrumentos musicais e da melodia.

Consoante Havelock (1996, p.25-6, 189), nas sociedades orais, a competência "musical" era entendida como a capacidade de improvisar versos e acompanhamento. Para alcançar, em qualquer medida, o que chamamos hoje de "publicação", as obras dos poetas não deviam ser escritas, porém "executadas" perante audiências grandes ou pequenas, visto que suas criações não tinham como objetivo a leitura, mas sim a audição. O próprio ato de composição era oral e a linguagem era "mélica" (termo antigo correto), ou seja, própria para ser cantada. Além disso, o público muitas vezes participava ativamente da audiência das obras, como acontecia no caso das cantigas de trabalho e das canções para dançar.

A fama do poeta baseava-se na recordação que era ajudada pela música e pela dança no acompanhamento das palavras. Afinal, um poema é mais memorizável do que um parágrafo em prosa; e uma canção, mais memorizável do que um poema. Os gregos designaram esse complexo de práticas pelo termo técnico de *mousiké*, como alusão à musa que deu o nome a essa arte: Mnemosine, filha da recordação, que personificava a necessidade e as técnicas mnemônicas características dessa prática oral.

No entanto, Havelock destaca ainda que a palavra grega *mousiké* expõe também um paradoxo, na medida em que ela evoca simultaneamente os encantamentos da arte poética (entre eles, o prazer despertado pela repetição do ritmo, o que facilita a memorização da poesia) e as exigências mais severas da disciplina educacional. Portanto, junta o estético com o didático, mas mantém o didático subordinado. Nesse contexto, a música, no sentido melódico, é apenas uma parte da *mousiké*, e a menor parte, pois a melodia permaneceu serva das palavras e seus ritmos foram moldados para obedecer à pronúncia quantitativa da fala. Sua função era apoiar a memória, aumentando o prazer do recitativo (ibidem, p.132).

Como arte autônoma, a execução musical só começa a emergir no final do século V a. C. com os concertos de flauta, pois, dentre os três tipos de instrumentos existentes – cordas, percussão e sopros –, só os dois primeiros permitiam um desempenho solo por parte do artista juntamente com a poesia e a dança, enquanto os instrumentos de sopro sempre exigiam que houvesse um artista para tocar e outro para recitar.

Como se pode observar, a relação mútua entre a música e a harmonia, aliada a um caráter de fundo pedagógico do *éthos*, se irradia por todas as atividades educacionais, por apresentar-se como um poderoso instrumento de efetivação do ideal de *paideia* grega.[28] O cultivo da educação musical, já se encontrando prenunciado nos mitos e mesmo em Homero, adquire também um interesse especulativo com a inclusão da matemática pelos pitagóricos, porém mais voltado para o aspecto teórico ou harmônico do que propriamente composicional ou performático.

A *harmoniké*, difundida pela *mathémata*[29] pitagórica, era considerada equivalente à teoria musical (no sentido do termo "técnico"), não esquecendo, no entanto, que o significado filosófico da harmonia era uma parte fundamental de seu objetivo.

A música "sonora", que ao fim e ao cabo era um composto de variadas matérias em uma única atividade (dança, composição musical, habilidade instrumental, entre outras), encontrava-se conectada não só a um processo educacional, mas também a um caráter cívico--militar e esportivo. Por essa razão, a gramática, que antes da impulsão da retórica[30] fazia parte desse complexo, ocupava um lugar de destaque, pois era responsável pelos elementos linguísticos do signi-

---

28 Roque (s. d, p.84-5): "a educação grega era essencialmente musical, *paideia mousiké*, e devia constituir um conjunto harmônico na formação do homem. Deve-se então fazer uma distinção entre *mousiké*, a música propriamente dita, e a arte ou ciência musical (*mousiké techné* ou *episteme*) ... era a música, para os gregos, o conhecimento mais perfeito que o homem podia adquirir. A princípio existia uma só ciência: a ciência da música. Mais tarde, porém, essa ciência tão vasta vai aos poucos se subdividindo e dela surgem os mais diversos conhecimentos".
29 A *harmoniké* possuía uma dupla origem, pois, de um lado, deriva da música e, de outro, da física, uma área que pertencia à matemática.
30 Posteriormente, a gramática separa-se do complexo da música "sonora" formando o *trivium* com a retórica e a lógica. Sobre a retórica, ver ainda Hadot (1984, p.41-4); Delhaye (1969); Roos (1969); Plebe & Emanuele (1992). Com relação à sofística, ver Guthrie (1995).

ficado, da melodia e, sobretudo, da rítmica, sendo este último componente um reforço para a ginástica, como formação corporal.

A formação educacional grega vista como "música" apresenta-se, portanto, de forma bastante compacta, na qual todos os domínios estabelecem relações de interdependência. E um dos fatores que nos possibilitam compreender esse tipo de pedagogia já se encontra inserido em sua própria nomeação: *enkyklios paideia* – da qual deriva a palavra "enciclopédia" –, uma formação concebida como *kyklios*, um ciclo que possui uma conotação ética específica e aristocrática, que estabelece para o homem "um modelo de conduta de vida na sociedade e, num sentido particular, a principal manifestação desta conduta de vida como música" (Lippman, op. cit., p.93).

PARA PERCEBER AQUILO QUE OUVIMOS

Retomemos algumas questões para que a conclusão se apresente de modo claro. Em primeiro lugar, torna-se evidente que o duplo caráter do conceito de *mousiké* se apresenta rigorosamente conectado ao pensamento musical grego, pois o fenômeno sensível e sua teoria (particular) e filosofia (geral) são indissociáveis. Como prova dessa unidade, temos o fato de que também é possível identificarmos esse duplo caráter no particular, ou melhor dizendo, o fenômeno sonoro está para o geral da mesma forma como sua teoria está para o particular.

Essa articulação, no entanto, nos encaminha para outro raciocínio. Se dentro do particular o fenômeno sonoro pode ser identificado com o geral, essa identificação só ocorre porque o som, em sua forma bruta, é de fato um existente no tempo e no espaço reais, ele é um elemento do mundo e não um elemento moldado na inteligência.

Como elemento prévio, o som não é uma entidade constituída diferentemente das demais; ele implicava uma ressonância, um retorno vibratório das coisas que ele punha a vibrar. Por essa razão, a *mousiké* engloba tudo o que constitui uma presença sonora (canto, dança, palavras, ginástica, ritmo, instrumentos musicais, matemática, física), pois o som é compreendido primeiramente como *sentido* e não como significado. E é nesse ponto que se torna necessário não apenas tocarmos no Pitagorismo, mas antes resgatar a precondição constitutiva da música, a saber, o *sentido do som*. E aí adentramos na questão da linguagem no pré-socratismo. Essa linguagem era então compreendida como sentido. Só depois é que se transformou em significado. O que vem a ser o sentido na forma como o compreendemos? O sentido resulta daquilo que não depende do que nós achamos que ele seja, é um existente que insiste em sua presença e não se sujeita ao que possamos pensar sobre ele – como ansiedade da morte, dor de cabeça, fome, desejo amoroso –, enfim, mundo dos índices, mundo em que irremediavelmente nós nos envolvemos com a força bruta.[31] Um outro nome para ele, por sinal em nome de síntese, é existência.[32]

Esse fato, no entanto, não se confunde de forma alguma com todo o esforço teórico posterior para definir ou discutir o lugar da música, o que de certa forma a reduziu a mera disciplina educativa.

A *mousiké*, portanto, anuncia-se como uma realidade entre os gregos do mundo arcaico, cujo primeiro papel era envolver e aba-

---

31 O que Peirce define de maneira formal e pragmática é, com alguma diferença, a mesma ideia de sentido que, por outros e com outras intenções, será elaborada pela chamada filosofia existencialista e fenomenológica de nosso século. Heidegger, ao dar uma guinada de 180° em relação a Husserl e ao se afastar da questão da transcendentalidade da consciência, mergulhou no mundo pré--socrático, aquele mundo em que o homem não era possibilidade de iluminação da vida, porém, o ser jogado como projeto, um ser que se percebia, antes de qualquer coisa, afetado pela misteriosa música do mundo, vale dizer, pelos sentidos. Essa é também a postura que, com menos radicalismo e mais interesse na linguagem, seria desenvolvida por Merleau-Ponty. Peirce, que sobretudo se interessava por conceitos que se pudessem traduzir em uma rigorosa lógica, fez todo esforço para circunscrever a base desse sentido em sua categoria de secundidade. Cf. Peirce (1983, p.28-4) e Santaella (1988, p.62-7): "quando qualquer coisa, por mais fraca e habitual que seja, atinge nossos sentidos, a excitação exterior produz seu efeito em nós ... No entanto, quaisquer excitações, mesmo as viscerais ou interiores, imagens mentais e sentimentos e expressões, sempre produzem alguma reação, conflito entre esforço e resistência. Segue-se que em toda experiência, quer seja de objetos interiores ou exteriores, há sempre um elemento de reação ou segundo, anterior à mediação do pensamento articulado e subsequente ao puro sentir".
32 Ferrater Mora (1990, v.II, p.1079): "O vocábulo 'existência' significa 'o que está aí', o que 'está fora' – *exsistit* – ... Algo existe porque está a coisa *in re*; nesse sentido, a existência é equiparável à realidade".

lar radicalmente o homem, empurrá-lo por caminhos indeterminados. Nesse sentido, os elementos sonoros não eram, entenda-se, ainda música. Era a precondição constitutiva da música. Quando dizemos que o som era *sentido*, sua força era de tocar o homem para qualquer lugar e não de fazer o homem refletir sobre este fenômeno, dividi-lo ou analisá-lo.

Assim, a gestualidade espontânea do corpo é já por si mesma uma certa objetivação, uma certa manifestação do sentido. Ela não é, obviamente, a objetivação de uma ideia, mas a de uma situação no mundo sobre a qual se decalcam as próprias ideias. Tal sentido, que os fenomenólogos consideram a raiz do homem, encerrava imediatamente para o homem a pergunta sobre o mundo e o convidava a sondá-la, sem sair desse sentido.[33]

Portanto, a fonte da música, da forma como a compreendemos hoje, só pode estar na experiência auditiva e compulsória do universo. Daí, também, a frase de Heráclito: *ouvir o lógos*, não para entendê-lo, mas apenas para ouvi-lo e escolher um dos caminhos que aprofundassem a própria audição.

É por isso que propomos um retorno etimológico: *mousiké*, "arte das Musas", desdobra-se no mundo grego de maneira sofisticada e poliédrica, doando aos homens a inspiração poética e o conhecimento; como concretude das filhas da Memória, possibilita ao homem sua ascensão ao patamar do *mousikós*, pois se des(eno)vela como mosaico no universo, cuja raiz é *men*, "base do pensamento".

---

33 Cf. Merleau-Ponty (1971, p.195-6).

3 O QUE EXISTE DE MAIS ANTIGO...

O que existe de mais antigo entre as coisas antigas
nos segue em nosso pensamento e, portanto,
vem ao nosso encontro.

(Heidegger, *A experiência do pensamento*)

Johannes Lohmann apresenta, em seu livro *Mousiké et lógos* (1989), uma leitura instigante sobre a relação entre estes conceitos no pensamento musical grego. Apesar de o autor ser um especialista na cultura helênica e pautar-se fundamentalmente em questões da esfera linguística, o desenvolvimento de seu complexo raciocínio traz importantes contribuições para a compreensão da questão pitagórica.

Em linhas gerais, o que o autor pretende demonstrar, com base em sua imbricada hipótese, é que só podemos compreender a verdadeira construção ideal da música grega – tentando restituir aqui seu sentido e conceitualidade próprios – se considerarmos o pitagorismo (em um sentido amplo) como ponto de sustentação de todas as doutrinas pré-socráticas, como articulação principiadora entre matemática, lógica, gramática e harmonia em uma *mousiké*, que será a fonte das artes liberais da Idade Média. O que elevaria a *mousiké* a esse patamar epistemológico (e mesmo ontológico) é o fato de ela possuir uma profunda e rigorosa solidariedade com o conceito de *lógos*, aqui entendido unitariamente como palavra pensante e relação matemática.

Demonstrando sua hipótese com variados exemplos, Lohmann afirma que, entre os gregos, o conceito de *mousiké* era compreendido como um tipo de entidade abstrato-matricial-lógica, pois não dependia de nenhum pressuposto anterior e era originária de todos os conceitos por conter em si uma articulação coerente apta a sistematizar diferentes domínios, sejam eles música como fenômeno sonoro, números, letras do alfabeto, lógica do discurso, entre outros.

Entretanto, com o advento da filosofia socrática, da retórica, da sofística e mesmo da matemática como áreas com características próprias, essa dimensão do conceito de *mousiké* teria sido relegada a um segundo plano, apesar de não ter desaparecido totalmente. Considerando-se ainda que entre Heráclito, Parmênides e Pitágoras e Sócrates, Platão e Aristóteles não há nem duzentos anos, a ocorrência dessa transformação foi bastante rápida.

Para tanto, antes de apresentar a hipótese de Lohmann, vamos delinear o pensamento dos contemporâneos de Pitágoras, bem como os conceitos de cosmos, harmonia e *lógos* –, para compor um quadro coerente da *mousiké* e compreender os princípios do pitagorismo.

PARA SEGUIR O QUE HÁ DE MAIS ANTIGO

"O pensamento racional tem um registro civil: conhece-se a sua data e o seu lugar de nascimento." Com essa frase, Jean-Pierre Vernant (1990, p.349) abre o ensaio "A formação do pensamento positivo na Grécia arcaica", apontando o surgimento de uma nova forma de reflexão ocorrida no século VI a. C. Com a escola jônica, o nascimento da filosofia e também o começo do pensamento científico – ou "poder-se-ia dizer simplesmente: do pensamento" – marcam a mudança da atitude intelectual, pois uma construção mais abstrata e laica começa a se impor, afastando gradativamente as crenças e justificativas dos fatos do mundo enraizadas no pensamento mítico.

Essa mudança de pensamento[1] apresenta como objeto a busca de algo permanente e estável, em face das constantes mudanças, pluralidades e instabilidades do mundo, percebidas pelos sentidos: "a filosofia começou pela crença de que por detrás do caos aparente existe uma permanência oculta e uma unidade, discernível pela mente e não pelos sentidos" (Guthrie, 1992, p.30).[2]

Perguntas tais como "o que deu origem ao mundo" e "de que ele é feito" pareceram naturais aos filósofos, pois se acreditava em uma estabilidade reguladora, que se encontraria na substância originária do mundo.

Burnet (1952, p.12-3) assinala que a palavra inicialmente escolhida para identificar essa ideia de substância permanente e primordial foi *physis*,[3] e que o título de *Peri Physeos*, habitualmente

---

1 Segundo Vernant (1990, p.350 ss.), em 1952, a publicação póstuma de Cornford (1989), *Principium Sapientiæ* (ver bibliografia), apresentou uma reviravolta nos estudos gregos, pois o autor, opondo-se às visões mais tradicionais (por exemplo, Burnet), estabeleceu os liames entre a origem mítica e ritual da primeira filosofia grega, sendo esta última como, em certo sentido, uma retomada e prolongamento dos mitos cosmogônicos, porém mais racionalizados.

2 Ou, nas palavras de Cornford (1989, p.252): "Toda a filosofia se baseia no postulado de que o mundo tem de ser uma ordem inteligível e não apenas uma confusão de vistas e sons a inundarem-nos os sentidos a cada momento. A nossa percepção desta ordem não nos vem através da experiência dos sentidos e da observação seguida de generalizações prudentes e de deduções hipotéticas. E a inteligência do filósofo, segura da sua capacidade intuitiva e racional, vai ao seu encontro".

3 Cf. também Jaeger (1993a, p.26): "*physis* é uma dessas palavras abstratas formadas com o sufixo -*sis* que se tornaram frequentes desde o período da última épica. Designa com toda claridade o ato de *phinai*, o processo de surgir e desenvolver-se ... Mas a palavra também abarca a fonte originária das coisas, aquilo a partir do qual se desenvolvem e à mercê da qual se renova constantemente seu desenvolvimento; em outras palavras, a realidade subjacente às coisas de nossa experiência"; Murachco (1996, p.14): "*physis* significa 'brotação', isto é, o ato dinâmico de NASCER, de BROTAR"; Cornford (1989, p.294): "o poder gerador da 'natureza' das coisas está implícito na própria palavra 'natureza' (*physis*), pois *phiein* significa 'dar à luz'".

dado às obras desses autores, significa simplesmente "da substância primordial"; *physis* indica sempre o que é primário, fundamental e persistente, por oposição ao que é secundário, derivado e transitório.
Tales define sua *physis* como água, e Anaxímenes, como ar; mas com Anaximandro (610-547 a. C.), observa-se um salto na cosmogonia, pois sua concepção de substância principiadora escapa a qualquer coisa que possamos identificar pelos nossos sentidos:

> Simplício, *Física*, 24,13 (DK 12 A 9): Anaximandro ... disse que o *ápeiron* (ilimitado) era o princípio e o elemento das coisas existentes. Foi o primeiro a introduzir o termo *princípio*. Diz que este não é a água nem algum dos chamados elementos, mas alguma natureza diferente, ilimitada, e dela nascem os céus e os mundos neles contidos: *pois donde a geração é para os seres, é para onde também a corrupção se gera segundo o necessário; pois concedem eles mesmos justiça e deferência uns aos outros pela injustiça, segundo a ordenação do tempo.*[4] Assim ele diz em termos acentuadamente poéticos ... Não atribui então a geração ao elemento em mudança, mas à separação dos contrários por causa do eterno movimento.

Para Anaximandro, a substância primordial do universo apresenta-se como uma espécie de massa indiferenciada que, simultaneamente, gera e dissipa tudo, é imperecível, contingente e possui uma grande lei reguladora; ele chamou essa substância de *ápeiron*, identificando-a com a *arché*[5] ("princípio"), ou ainda, para ele o *ápeiron* é a própria *arché*.[6]

Segundo Charles Kahn (1993a), a imagem da permanente transição das coisas processando-se de acordo com o decreto do tempo se refere a uma das mais belas visões do cosmos vivo; no entanto, essa transição é aqui provocada pela injustiça, *adikia*, cujas

---
4 Grifos meus. Na tradução de Kirk et al. (1994, p.106-7), o fragmento é: "E a fonte da geração das coisas que existem é aquela em que se verifica também a destruição segundo a necessidade; pois pagam castigo e retribuição umas às outras, pela sua injustiça, de acordo com o decreto do Tempo".
5 Peters (1983, p.36): começo, ponto de partida, princípio, suprema substância subjacente, princípio supremo indemonstrável.
6 Com relação à identificação do conceito de *arché* com *ápeiron*, ver também Gigon (1994, p.66); Jaeger (1989, p.30); Zeller (1980, p.28).

condições de pagamento são fixadas pelo árbitro Tempo, sendo sua lei um pêndulo periódico que dá e tira. A alternância da geração e destruição das coisas provém de uma só e mesma fonte "segundo a necessidade" (*kata to chréon*), sendo esta última frase uma alusão à ideia de retribuição como débito – "a força primária de *chréon* combina a ideia de justiça e necessidade" (ibidem, p.101).

Nessa perspectiva, a "compensação da morte pela vida é absolutamente necessária", pois a antiga visão de *adikia* é justamente isto: "quem é culpado deve sempre pagar por sua falta" (p.105).

Continuando, as duas partes que compõem o fragmento dizem a mesma coisa: a) o retorno dos elementos para seus contrários de onde foram gerados e b) a necessidade como justa compensação pelo dano causado em decorrência do nascimento; sendo assim, "primeira lei da natureza é uma *lex talionis*: vida por vida" (ibidem).

Portanto, o fragmento não anuncia o fim das coisas quando estas retornam ao infinito do qual provieram, mas faz uma particular referência ao fato de que o constante intercâmbio entre substâncias contrárias (sejam estas animadas ou não) possibilita o regresso para o material do qual foram compostas. Acrescenta ainda que a concepção de Anaximandro, no que se refere à contínua mutação, pode ter sido consequência da observação de que há partes do processo de transformação de elementos opostos que são idênticas, como a evaporação, que é comum à água e ao fogo, o crescimento e o decréscimo da luminosidade da lua que mantém o mesmo ritmo:

> Se o equilíbrio celestial era concebido por Anaximandro como uma esfera estável, é o giro do círculo que melhor representa o ritmo da mudança elementar. Esta imagem está preservada em nossa própria terminologia, que ainda é a esse respeito, a da antiga Grécia: ciclo, *kyklos* (originalmente "roda"), período, *periodos* ("revolução").[7] (Kahn, 1993a, p.106)

Porém, esse aspecto circular também pode ser encontrado no próprio *ápeiron*, pois "quando aplicado ao círculo e à esfera, 'ili-

---

[7] Cf. A. Bailly (1963, p.1148 – *kyklos* – e 1532 – *periodos*).

mitado' significa a ausência de fronteiras ou distinções internas".⁸ Nas sucessões das estações, por exemplo, não há uma linha demarcatória que estabeleça claramente uma fronteira; de onde a suposição de que os contrários para Anaximandro talvez fossem concebidos como "coisas presentes" na substância ilimitada, e não como "coisas distintas" numa mistura mecânica: "temos de as imaginar fundidas como o vinho e água, que são diferentes, e não separadas como o azeite e a água, quando os tentamos misturar" (Cornford, 1989, p.289-90).

No entanto, o "círculo" e a "esfera" podem remeter a uma outra discussão. Anaximandro afirmava também que a Terra se encontrava no centro do cosmos, não precisando de nenhum suporte para conservá-la em sua posição, pois não havia nenhum motivo para que ela se movesse em qualquer direção. É como perspectiva geométrica que, segundo Vernant (1990, p.209), a cosmologia de Anaximandro comporta um elemento radicalmente novo com relação às antigas representações do mundo.

Segundo Anaximandro, se a terra permanece imóvel, isto se refere exclusivamente ao lugar que ocupa no cosmo. Situada no centro do universo, a distância igual de todos os pontos que formam as extremidades do mundo, não há nenhuma razão para que ela vá mais para um lado do que para um outro. A estabilidade da terra explica-se pelas puras propriedades geométricas do espaço: a terra não tem necessidade de raízes, como em Hesíodo; não lhe é preciso também apoiar-se sobre uma força elementar diferente dela mesma, como a água em Tales ou o ar em Anaxímenes. Ela permanece em seu lugar sem intervenção estrangeira, porque o universo, orientado simetricamente em todas as suas partes com relação ao centro, não comporta mais direções absolutas. Nem o alto nem o baixo, nem a direita nem a esquerda existem por si mesmos, mas somente em relação ao centro. E, do ponto de vista do centro, esse alto e esse baixo não são apenas simétricos mas inteiramente reversíveis. Entre um e

---

8 Cf. Mondolfo (1968, p.71): "a ideia de infinitude assumia maior vigor e caráter de necessidade lógica, ao ser representada por uma forma geométrica que, de si mesma, tornasse contraditória e inadmissível a determinação de um limite inicial ou final. Esta representação ... era precisamente a figura do círculo".

outro não há nenhuma diferença, como também entre a direita e a esquerda.[9]

Também C. Kahn acrescenta, nesse sentido, que para Anaximandro o equilíbrio da terra no centro de um mundo esférico é o que possibilitaria um ajustamento periódico de forças de acordo com as leis gerais dos ciclos astronômicos, e que, para ele, teria sido concebido como uma imutável táxis[10] ("ordem", "disposição") do Tempo. O cosmos seria, assim, uma organização de coisas concretas, definido não só pela distribuição de sua espacialidade, mas também por sua *táxis* temporal.

Anaximandro concede ao *ápeiron* o papel de tornar possível uma concepção de espacialidade circular, de cujo centro, presidido por ele mesmo, emana e converge todo equilíbrio, realiza a mediação entre as forças e a distribuição da medida comum. O movimento, sintoma incontestado de vida, não necessita de causas justificativas: sua periodicidade e constância asseguram a organização do cosmos. E com a substituição dos personagens mitológicos por forças definidas e regulares, a natureza torna-se permeável pela inteligência humana, trazendo como novo ponto de vista para a observação dos fatos os princípios da geometria e da astronomia.

***

Heráclito (540-470 a. C.) ficou conhecido na Antiguidade como "aquele que se exprime por enigmas" (Diógenes Laércio, 1965, p.165) e pelo epíteto posterior de "Obscuro", em razão do caráter aforístico e enigmático de sua obra. Nos 126 fragmentos autênticos que chegaram até nós, observa-se a agudeza de seu pensamento pela

---

[9] A centralidade da terra também é atestada por Hipólito e Aristóteles (Hipólito, *Refutação de todas as heresias*, I, 6, 3): "A Terra está suspensa no ar, sem que nada a segure, mas mantém-se firme pelo fato de estar a igual distância de todas as coisas"; Aristóteles (*Do céu*, B13, 295 b 10): "Alguns há, como Anaximandro entre os antigos, que afirmam que ela [a Terra] se mantém imóvel devido ao seu equilíbrio. Pois força é que aquilo que está colocado ao centro, e está a igual distância dos extremos, de modo algum se desloque mais para cima ou para baixo ou para os lados; e é-lhe impossível mover-se simultaneamente em direções opostas, pelo que se mantém fixa, por necessidade" (in Kirk et al., 1994, p.134).
[10] Bailly (1963, p.1896): colocar em ordem, arranjo, disposição; decreto.

formulação de frases em estilo oracular e pelo desenvolvimento de sua argumentação crítica.

O *lógos* comum, unidade dos contrários, união de tensões opostas, unidade na pluralidade, *pólemos* e *dike*, fluxo universal, fogo e medida são os conceitos-chave que se apresentam entrelaçados em seus fragmentos. No entanto, é provável que o conteúdo de seu pensamento já estivesse expresso em seus fragmentos iniciais:

Frag. 1, Sexto, *adv. math.* VII, 132: Os homens dão sempre mostras de não compreenderem que o *Lógos* é como eu o descrevo, tanto antes de o terem ouvido como depois. É que, embora todas as coisas aconteçam segundo este *Lógos*, os homens são como as pessoas sem experiência, mesmo quando experimentam palavras e ações tal como eu as exponho, ao distinguir cada coisa segundo a sua constituição e ao explicar como ela é; mas os demais homens são incapazes de se aperceberem do que fazem, quando estão acordados, precisamente como esquecem o que fazem quando a dormir.

Frag. 2, Sexto, *adv. math.*, VII, 133: Por isso, é necessário seguir o comum; mas, se bem que o *Lógos* seja comum, a maioria vive como se tivesse uma compreensão particular.

Frag. 50, Hipólito, *Refutação de todas as heresias*, IX, 9, 1: Dando ouvido, não a mim, mas ao *Lógos*, é avisado concordar em que todas as coisas são uma.

Nesses três fragmentos podemos observar que, para Heráclito, o *lógos* parece sempre apresentar-se na articulação geral/particular, ou seja, em um primeiro momento, o *lógos* é comum (geral), pois todos possuem a faculdade de pensar, e o pensar de cada indivíduo é, portanto, particular; mas, ao mesmo tempo, este *lógos* particular, que pertence ao indivíduo, está conectado a uma verdade geral unificadora (*lógos* geral), portanto comum e acessível a todos, mas que estes são incapazes de compreender, por não perceberem que somente pela observação e entendimento do que existe de geral em seu pensamento particular é que poderão ter acesso a essa verdade.

Dados esses dois aspectos, o *lógos* heraclítico parece possuir ainda um caráter unificador – tanto individual como conjunto –, pois somente com essas características poderia estar presente em níveis diferentes. Nesse sentido, é também provável que o *lógos* abarque "o sentido geral de 'medida', 'cálculo' ou 'proporção'" (Kirk et al., 1994, p.194),[11] o que justificaria a união de coisas aparentemente distintas em um complexo coerente (frag. 50: "todas as coisas são uma"), do qual o homem é também uma parte e sua compreensão, necessária.

Em uma interpretação mais poética, Heidegger (1995b, p.250-60), ao analisar o frag. 50, assinala que a palavra *lógos*[12] está relacionada com *légein*, que significa "dizer" e "falar"; por sua vez, *lógos* é ao mesmo tempo *légein*, "enunciar" e *legomenon*, "o que é enunciado". Continuando, aponta que o significado de *légein*, no sentido de "falar, dizer", traz consigo também um outro significado não menos antigo que o primeiro, que pode ser encontrado no atual significado da palavra homônima alemã *legen*, ou seja, "colocar, estender diante, deitar, alongar".

Portanto, "o dizer e o discorrer dos mortais realiza-se, desde os primórdios, como *légein*, como 'estender' ", sendo este mesmo dizer e discorrer o seu desvelamento: "o *lógos* leva aquilo que aparece, aquilo que se produz e se estende diante de nós, a mostrar-se a partir de si mesmo, ao mostrar-se como luz".

> Dizer é o ato recolhido que recolhe e que deixa as coisas estendidas uma perto das outras. Se tal é a situação do falar em seu ser, que é então o escutar?[13] Enquanto *légein*, o falar não se determina a partir do som que exprime o sentido. Se, portanto, o dizer não é determinado a partir do som emitido, então o escutar que lhe corresponde não pode mais consistir, em primeiro lugar, num som que batendo no ouvido é então captado, em sons que ferem o ouvido e são retransmitidos. Se nosso ouvir fosse primeiramente e sempre apenas esse captar e

---

11 Reproduzimos, aqui, a citação completa de Kirk: "O que eles deviam reconhecer é o *Lógos*, que talvez deva ser interpretado como fórmula unificadora ou método proporcionado de disposição das coisas, o que podia ser quase classificado de plano estrutural das coisas, tanto individual como em conjunto. O significado técnico de *lógos* em Heráclito está provavelmente relacionado com o sentido geral de 'medida', 'cálculo' ou 'proporção' ... O resultado da disposição segundo um plano ou medida comuns consiste no fato de todas as coisas, apesar de aparentemente múltiplas e totalmente distintas, estarem realmente unidas num complexo coerente, de que os próprios homens são uma parte, e cuja compreensão é por isso logicamente necessária para a atuação adequada de suas próprias vidas".
12 Cf. Chantraine (1980, p.625-6), *lógos* é proveniente de *lego*, cujo significado original é "reunir, juntar, colher, escolher"; posteriormente "contar, enumerar" – disto o emprego como "contar, dizer".
13 Como entender, compreender.

retransmitir de sons, ao qual se juntariam ainda outros processos, então seria verdade que a mensagem sonora entraria num ouvido e sairia pelo outro. É exatamente isto que acontece, quando não nos concentramos naquilo que é dirigido a nós. Mas aquilo que se nos diz é ele mesmo a coisa estendida-diante e apresentada depois de recolhida. O escutar é propriamente este recolher-se, concentrado na palavra que nos é dirigida, que nos é dita. O escutar é primeiro o ouvir recolhido. Na atitude que se põe à escuta, manifesta-se a essência do ouvir. Escutamos, se somos todo ouvidos ... No ouvir, no sentido de escutar e de seguir o pensamento, não podemos ver mais que uma transposição desta audição propriamente dita para o plano espiritual ... Somos todo ouvidos, quando nosso recolhimento se transporta, puro, para dentro do poder de escutar, quando esqueceu completamente os ouvidos e a simples impressão de sons ... Quando então teremos ouvido? Tê-lo-emos, quando fizermos parte daquilo que nos é dito.[14]

Assim, o *lógos* de Heráclito – aqui entendido como seu enunciado – já participa diretamente do *Lógos*, lei geral reguladora que já lhe foi experenciada e compreendida; o significado de suas palavras representa, portanto, mais do que seu discurso individual, pois a "verdade" lhe é conhecida; e se todos os homens estivessem cientes dessa conexão entre o *lógos* (particular) e o *Lógos* (geral) – porque "uma conexão invisível é mais poderosa que uma visível" (frag. 54) –, ele não teria necessidade de alertá-los nem antes nem depois, pois em princípio já deveriam conhecer.

Por outro lado, o enunciado do frag. 54 vem apresentar uma regra geral que se desdobra em grande parte de seus escritos, estando também diretamente relacionado com o frag. 123 – "natureza ama esconder-se". Se considerarmos *physis* não como "Natureza" mas como "uma verdadeira constituição das coisas", isso pode sugerir que esta regra se aplique ao funcionamento do mundo como um todo: apesar de estar presente por ser fundamental, não se deixa conhecer à primeira vista, pois uma conexão invisível é, de fato, algo muito mais forte que conexões mais evidentes (Kirk et al., 1994, p.199).

No entanto, essa regra geral da "conexão invisível" se clarifica mais quando nos reportamos à unidade dos contrários ou à união de tensões opostas: por exemplo, quando Heráclito afirma que "a rota para cima e para baixo é uma e a mesma" (frag. 60), refere-se

---
14 Aqui usamos a tradução brasileira (Heidegger, 1973b, p.120-1).

ao fato de que aspectos diferentes de uma mesma coisa (nesse caso, a rota) podem justificar descrições contrárias (para cima e para baixo), ou ainda, os contrários são intrínsecos ou produzidos simultaneamente por um só sujeito; como fases de um mesmo processo invariável – "à transformação e transmutação e não simplesmente como um vai e vem de aparências" (Legrand, 1991, p.76) –, estão conectados porque, na realidade, Heráclito percebeu que não existe uma divisão absoluta entre qualquer espécie de contrários, pois são correlatos e interdependentes.

> Frag. 8, Aristóteles, *Ética a Nicômaco*, VIII , 2.1155 b-4: *Heráclito (dizendo que)* o contrário é convergente e dos divergentes nasce a mais bela harmonia, e tudo segundo a discórdia. (Souza, 1973, p.86)

> Frag. 51, Hipólito, *Refutação*, IX , 9, 1: Não compreendem como o divergente consigo mesmo concorda: harmonia de tensões contrárias, como de arco e lira. (ibidem, p.90)

Aqui, faz-se necessário colocar algumas questões. Por que a ideia de "harmonia" está associada a discórdia e a tensões opostas, ou melhor, o que significa "harmonia" no contexto heraclítico? O fato de Heráclito citar "harmonia", "arco" e "lira" seria alguma referência direta a questões de ordem musical ou apenas uma metáfora?

Apesar de existir uma divergência entre os estudiosos com relação ao significado musical da "harmonia" neste contexto, parece haver uma certa unanimidade quanto ao significado original da palavra, que se refere à "junção" (Gigon apud Mondolfo, 1989, p.175) e "conexão" ou "modo de união" (Kirk et al., 1994, p.199).[15]

---

15 Jaeger (1993a, p.121): "este termo, notadamente nos primeiros tempos, tem uma esfera de aplicação muito mais ampla do que o reino da música ... significa tudo aquilo que está junto"; Ferrater Mora (1990, v.I, p.217): "harmonia significou originariamente "conexão" (de elementos diversos) e também "ordem"; Abbagnano (1982, p.471): "a ordem ou a disposição, com a finalidade organizada, das partes de um todo, por exemplo, do mundo ou da alma"; Bailly (1963, p.271): "ajustamento; justa proporção"; Brandão (1991, I, p.480): "'junção, harmonia' faz parte de um vasto e complicado elenco de palavras que evoluíram muito semanticamente. Consoante Chantraine, *DELG*, p.110 ss., do radical do verbo *ararískein*, 'ajustar, adaptar' ... em síntese, *harmonia* significa etimologicamente 'o acordo, a junção das partes', não raro antagônicas, mas que, 'unidas', passam a formar um *todo harmônico*".

Tanto Kirk como Gigon, descartando a hipótese musical, apresentam leituras semelhantes no que tange a que, para o primeiro, o essencial para a estrutura e função de cada instrumento é a relação entre os braços e as cordas; nesse sentido, Heráclito estaria se referindo à tensão existente no instrumento como todo, na medida em que a estrutura de ambos é a mesma, ou seja, uma armação curva na qual se encontram cordas fixadas nos dois lados, mantendo a tensão; Gigon sustenta a mesma teoria com relação à construção, incluindo que a tensão só existe na unidade do instrumento, nem antes e nem fora deste (Mondolfo, 1989, p.177-8).

Ao que parece, para Heráclito, existe uma irredutível contrariedade permanente em tudo, e essa contrariedade apresenta-se a nós como harmonia; no entanto, essa harmonia, essa conexão, não parece ter um caráter estático, muito pelo contrário, sua estaticidade talvez esteja apenas em sua aparência, em seu modo de se apresentar. Por detrás dessa aparência imóvel existe uma dinamicidade acionada pela discórdia, que propicia a transformação e transmutação num fluxo ininterrupto. E a imagem da discórdia nos remete diretamente a um dos fragmentos mais conhecidos do autor, no qual a guerra apresenta-se como "a origem de todas as coisas e de todas as coisas, soberana" (frag. 53).[16]

Segundo Kirk (1993, p.200), a guerra (*pólemos*) é a metáfora preferida por Heráclito para indicar a mudança contínua do mundo, podendo-se ainda acrescentar a universalidade com que deve ser compreendido este conceito: sua ocorrência se dá em um nível tanto cosmológico quanto humano. Nesses dizeres, o câmbio entre os contrários afigura-se de maneira radical, pois a "guerra" é "comum" a todos os acontecimentos: de onde sua associação com a soberania, atributo geral e universal não apenas restrito ao domínio humano, mas, ao contrário, permeável a todas as esferas.

---

16 Frag. 53, Hipólito, *Refutação*... (IX, 9, 4): "A guerra é a origem de todas as coisas e de todas ela é soberana, e a uns ela apresenta-os como deuses, a outros, como homens; de uns ela faz escravos, de outros, homens livres".

Portanto, a discórdia, geradora da harmonia, é a própria dinâmica da guerra, pela qual *kósmos*,[17] essa justa e necessária lei universal, põe e dispõe as coisas na magnificência de seu esplendor. A guerra é justiça (*dike*), mas também *éris*, a discórdia (frag. 80),[18] sendo todos esses elementos submetidos à Necessidade, que, ao fim e ao cabo, é idêntica ao *Lógos* (Legrand, 1991, p.73), a "medida".

No entanto, se *lógos* é para Heráclito a medida, *lógos* também é "fogo sempre vivo" – "este mundo, o mesmo de todos os (seres), nenhum deus, nenhum homem o fez, mas era, é e será um fogo sempre vivo, acendendo-se em medidas e apagando-se em medidas" (frag. 30).

Nesse fragmento, Heráclito apresenta pontos importantes de sua cosmologia: ao afirmar que o mundo (*kósmos*) é a base comum para deuses e homens, entrelaça o homem, o cosmos e a religião em uma unidade indissociável; portanto, o mundo é anterior à distinção feita entre eles; ao afirmar também que o mundo "era, é e será", nega que este tenha sido criado, nunca foi instituído, pois sempre existiu e existirá, independentemente de quaisquer avalizações; o cosmos é fogo, invisibilidade idêntica ao cosmos, que ao transmutar-se estabelece a ordem de todas as coisas periodicamente, "segundo a medida".

Para a compreensão da relação fogo/medida em Heráclito, um exemplo concreto, como o de uma vela, pode colaborar para esclarecer sua intenção. A chama de uma vela só permanece acesa se estiver ocorrendo uma decomposição e transformação de elementos: a parafina que está sendo derretida e o oxigênio que está sendo consumido e se transformando em gás carbônico. Assim, a chama que se observa é o resultado de uma mistura de elementos que se decompõem simultaneamente, mas que não podem ser visivelmente identificados *na* chama: dizendo de outra maneira, se em um processo de combustão qualquer abstrairmos nossa aten-

---

17 Peters (1983, p.132-3): "ordem, ordem deste universo, o universo como ordem... Heráclito é o primeiro de que temos conhecimento a dar o passo em frente e a identificar esta ordem cósmica como a 'lei'".
18 Frag. 80, Orígenes, *Contra Celso* (VI, 42): "É necessário saber que a guerra é comum e que a justiça é discórdia e que tudo acontece mediante discórdia e necessidade".

ção dos elementos concretos e nos fixarmos *apenas* no fogo, não poderemos identificar, à primeira vista, se este é proveniente de uma vela, de um pedaço de papel ou de um palito de fósforo. Claro que por índices, como a dimensão da chama e o odor da fumaça, podemos diferenciar a combustão de uma vela de um incêndio; porém, se nos concentrarmos *somente* na chama, não poderemos identificar nada além de um processo de combustão regular e contínuo.

A permanência na mudança,[19] proveniente da regularidade da medida, adquire assim um caráter de lei, mas uma lei cujo modo de se apresentar é dinâmica, por meio de mudanças de tensões, alterações de estados, entre outros. E se considerarmos que a "permanência na mudança" é o pensamento central dos escritos de Heráclito, pode-se identificar esse traço no próprio jogo de palavras que ele nos propõe: *lógos*, harmonia, cosmos, lei, medida, fogo, justiça, necessidade, "uma só e mesma coisa".

* * *

Parmênides (530-460 a. C.), juntamente com Heráclito, é o filósofo mais eminente do universo pré-socrático. Considerado desde sua época (talvez erroneamente) como o antípoda da filosofia heraclítica, de sua obra restou apenas um poema incompleto em hexâmetros, que, por sua forma lacônica e ao mesmo tempo eloquente, suscita ainda hoje opiniões contraditórias quanto ao seu objeto verdadeiro. Vejamos, a seguir, alguns excertos do poema.[20]

Frag. 1, Sexto Empírico, *Contra os Matemáticos*, VII, 3 (vv. 1-30); Simplício, *Do céu*, 557, 25ss (vv. 28-32):

> As éguas que me levam onde o coração pedisse
> conduziam-me, pois à via multifalante me impeliram
> da deusa, que por todas as cidades leva o homem que sabe;
> por esta eu era levado, por esta, muito sagazes, me levaram
> as éguas o carro puxando, e as moças a viagem dirigiam.

---

19 Ver também os fragmentos do rio (12 e 49a).
20 Os excertos pertencem à tradução brasileira (Souza, 1973, p.147-51).

O eixo nos meões emitia som de sirena
incandescendo (era movido por duplas, turbilhonantes
rodas de ambos os lados), quando se apressavam a enviar-me
as filhas do Sol, deixando as moradas da Noite,
para a luz, das cabeças retirando com as mãos os véus.

É lá que estão as portas aos caminhos de Noite e Dia,
e as sustenta à parte uma verga e uma soleira de pedra,
e elas etéreas enchem-se de grandes batentes;
destes Justiça de muitas penas tem chaves alternantes.

A esta, falando-lhe as jovens com brandas palavras,
persuadiram habilmente a que a tranca aferrolhada
depressa removesse das portas; e estas, dos batentes,
um vão escancarado fizeram abrindo-se, os brônzeos
umbrais nos gonzos alternadamente fazendo girar,
em cavilhas e chavetas ajustados; por lá, pelas portas
logo as moças pela estrada tinham carro e éguas.

E a deusa me acolheu benévola, e na minha
mão direita tomou, e assim dizia e me interpelava:

Ó jovem, companheiro de aurigas imortais,
tu que assim conduzido chegas à nossa morada,
salve! Pois não foi mau destino que te mandou perlustrar
esta via (pois ela está fora da senda dos homens),
mas lei divina e justiça; é preciso que de tudo te instruas,
do âmago inabalável da verdade bem redonda,
e de opiniões de mortais, em que não há fé verdadeira.
No entanto também isto aprenderás, como as aparências
deviam validamente ser, tudo por tudo atravessando.

Frag. 2, Proclo, *Comentário ao Timeu*, I, 345, 18:

Pois bem, eu te direi, e tu recebes a palavra que ouviste,
os únicos caminhos de inquérito que são a pensar:
o primeiro, que é e portanto que não é não ser,
de Persuasão é caminho (pois à verdade acompanha);
o outro, que não é e portanto que é preciso não ser,
este então, eu te digo, é atalho de todo incrível;
pois nem conhecerias o que não é (pois não é exequível),
nem o dirias...

Frag. 3, Clemente de Alexandria, *Tapeçarias*, VI, 23:

.... pois o mesmo é a pensar e portanto ser.

Frag. 4, Idem, *Ibidem*, V,15:

Mas olha embora ausentes à mente presentes firmemente;
pois não deceparás o que é de aderir ao que é,
nem dispersado em tudo totalmente pelo cosmo,
nem concentrado...

Frag. 5, Proclo, *Comentário a Parmênides*, I, p.708, 16:

.... para mim é comum
donde eu comece; pois aí de novo chegarei de volta.

Frag. 6, Simplício, *Física*, 117, 2:

Necessário é o dizer e pensar que (o) ente é; pois é ser,
e nada não é; isto eu te mando considerar.
Pois primeiro desta via de inquérito eu te afasto,
mas depois daquela outra, em que mortais que nada sabem
erram, duplas cabeças, pois o imediato em seus
peitos dirige errante pensamento; e são levados
como surdos e cegos, perplexas, indecisas massas,
para os quais ser e não ser é reputado o mesmo
e não o mesmo, e de tudo é reversível o caminho.

Frag. 7, Platão, *Sofista*, 237 A (vv.7, 1-2); Sexto Empírico, VII, 114 (vv.7, 3-6):

Não, impossível que isto prevaleça, ser (o) não ente.
Tu porém desta via de inquérito afasta o pensamento;
nem o hábito multiexperiente por esta via te force,
exercer sem visão um olho, e ressoante um ouvido,
e a língua, mas discerne em discurso controversa tese
por mim exposta.

Frag. 8, Simplício, *Física*, 114, 29 (vv.8, 1-52); ibidem, 38, 28 (vv.8, 50-61):

Só ainda (o) mito de (uma) via
resta, que é; e sobre esta indícios existem,

bem muitos, de que ingênito sendo é também imperecível,
pois é todo inteiro, inabalável e sem fim;
nem jamais era nem será, pois é agora todo junto,
uno, contínuo; pois que geração procurarias dele?
Por onde, donde crescido? Nem de não ente permitirei
que digas e penses; pois não dizível nem pensável
é que não é; que necessidade o teria impelido
a depois ou antes, se do nada iniciado, nascer?
Assim ou totalmente é necessário ser ou não.
Nem jamais do que em certo modo é permitia força de fé
nascer algo além dele; por isso nem nascer
nem perecer deixou justiça, afrouxando amarras,
mas mantém; e a decisão sobre isto está no seguinte:
é ou não é; está portanto decidido, como é necessário,
uma via abandonar, impensável, inominável, pois verdadeira
via, não é, e sim a outra, de modo a se encontrar e ser real.
E como depois pereceria o que é? Como poderia nascer?
Pois se nasceu, não é, nem também se um dia é para ser.
Assim geração é extinta e fora de inquérito perecimento.

Nem divisível é, pois é todo idêntico;
nem algo em uma parte mais, que o impedisse de conter-se,
nem também algo menos, mas é todo cheio do que é,
por isso é todo contínuo; pois ente a ente adere.

Por outro lado, imóvel em limites de grandes liames
é sem princípio e sem pausa, pois geração e perecimento
bem longe afastaram-se, rechaçou-os fé verdadeira.
O mesmo e no mesmo persistindo em si mesmo pousa,
e assim firmando aí persiste; pois firme a Necessidade
em liames (o) mantém, de limite que em volta o encerra,
para ser lei que não sem termo seja o ente;
pois é não carente; não sendo, de tudo careceria.
O mesmo é pensar e em vista de que é pensamento.
Pois não sem o que é, no qual é revelado em palavra,
acharás o pensar; pois nem era ou é ou será
outro fora do que é, pois Moira o encadeou
a ser inteiro e imóvel; por isso tudo será nome
quanto os mortais estatuíram, convictos de ser verdade,
engendrar-se e perecer, ser e também não,
e lugar cambiar e cor brilhante alternar.
Então, pois limite é extremo, bem determinado é,
de todo lado, semelhante volume de esfera bem redonda,
do centro equilibrado em tudo; pois ele nem algo maior

nem algo menor é necessário ser aqui ou ali;
pois nem não ente é, que o impeça de chegar
ao igual, nem ente é que fosse a partir do ente
aqui mais e ali menos, pois é todo inviolado;
pois a si de todo lado igual, igualmente em limites se encontra.

Neste ponto encerro fidedigna palavra e pensamento
sobre a verdade; e opiniões mortais a partir daqui
aprende, a ordem enganadora de minhas palavras ouvindo.
Pois duas formas estatuíram que suas sentenças nomeassem,
das quais uma não se deve – no que estão errantes –;
em contrários separaram o compacto e sinais puseram
à parte um do outro, de um lado, etéreo fogo de chama,
suave e muito leve, em tudo o mesmo que ele próprio
mas não o mesmo que o outro; e aquilo em si mesmo (puseram)
em contrário, noite sem brilho, compacto denso e pesado.
A ordem do mundo, verossímil em todos os pontos, eu te revelo,
para que nunca sentença de mortais te ultrapasse.

Frag. 16, Aristóteles, *Metafísica*, III, 5, 1009 b 21:

Pois como cada um tem mistura de membros errantes,
assim a mente nos homens se apresenta; pois o mesmo
é o que pensa nos homens, eclosão de membros,
em todos e em cada um; pois o mais é pensamento.

De imediato, o fato de Parmênides ter escolhido a forma poética e não a prosa para expor suas ideias nos remete inevitavelmente ao universo da épica homérica e hesiódica; no entanto, como observa Ortega y Gasset (1980, p.88-9), talvez essa escolha por parte do autor tenha sido deliberada e reflexiva, pois Parmênides já não acreditava num mundo povoado por deuses: o poema seria apenas um instrumento de expressão, uma necessidade estilística para apresentar algo novo.[21]

O poema começa com a descrição da viagem do poeta que, conduzido pelas filhas do Sol, ultrapassa os portões do Dia e Noite

---

21 Cf. também Havelock (1996, p.259-60): "será razoável esperarmos que, nas passagens onde ele parece tomar empréstimos verbais a Homero e Hesíodo, de fato Parmênides não precise estar imitando determinados poemas: em vez disso, ele pode estar emprestando de um estoque comum de fórmulas e epítetos épicos a que todo bardo grego podia recorrer".

vigiados por *Díke*, seguindo em direção à deusa anônima, cuja fala pretende fazer conhecer. Em sua presença, todo ouvidos, escuta atento, como discípulo, a revelação de um método filosófico de pensamento e uma demonstração que se articula mais nas formas de sentir do que propriamente nas formas de pensar: era assim que se desvelava a verdade do caminho do Ser. Há, sim, frases protocolares e fundamentais, mas nenhuma delas *define* o que venha a ser o Ser.

Nestor-Luis Cordero (1990, p.208) observa que "os princípios da Verdade expostos pela deusa (frag. 2) são verdadeiros axiomas dos quais derivam as afirmações que constituirão um sistema": o ser é e o não ser não é. Porém, quando observamos os últimos versos do frag. 1 e o frag. 6, notamos que Parmênides deixa transparecer uma terceira via:

> Com efeito, só há para Parmênides duas vias aparentemente "possíveis", ou antes, uma é possível (e necessária), a outra "absurda". Mas, como veremos, como ela é "absurda", os mortais teriam inventado uma *terceira*, espécie de meio-termo ... Essa "terceira via", a da *Opinião* (*doxa*), que logo aparece ... prestou-se a muitas interpretações: digamos apenas que ela confirma (paradoxalmente) a via primeira (e única) de Parmênides. (Legrand, 1991, p.86)[22]

Pela construção do enunciado do frag. 2, verifica-se que os axiomas, além de serem contraditórios, são logicamente excludentes: "o primeiro, que é, e, portanto, que não é não ser" contra "o outro, que não é, e, portanto, que é preciso não ser". No entanto, o caminho do que é, o possível e o necessário caminho da Verdade (*alétheia*), é também o caminho da Persuasão (*peithó*):[23] dessa associação, Gigon (1994, p.283) interpreta que para Parmênides, "somente a verdade pode ser demonstrada convincentemente".

E de que maneira a Verdade pode ser demonstrada? Isso ocorrerá quando o seu enunciado partir de uma adequação primária

---

22 A questão da terceira via é também acolhida por outros autores, tais como Beaufret, Kirk, C. Ramnoux, O'Brian, Collobert, Gigon, Cordero, Guthrie.
23 Cf. Detienne (1988, p.37): "*Peithó* é a potência da palavra tal como se exerce sobre o outro, sua magia, sua sedução, tal como o outro a experimenta ... *Peithó* é um aspecto necessário da *Alétheia*".

entre o dizer e o pensar. Vejamos como tal proposição se torna clara quando se compara o frag. 3 e o frag. 8 (verso 34):

Fragmento 3
- Pois o mesmo é pensar e, portanto, ser (Souza).[24]
- É a mesma coisa pensar o ser e ser (Diels).
- A mesma coisa é pensar e ser, isto é: A mesma coisa pode ou deve (sic) ser pensada e ser ao mesmo tempo (Zeller, Burnet, Gomperz, Cornford).
- Pensar e ser é a mesma coisa (Kranz).

Fragmento 8
- O mesmo é pensar e em vista de que é pensamento (Souza).
- A mesma coisa é pensar e é por isso que há pensamento (Kirk).
- É a mesma coisa pensar, e isso porque o pensamento é (Diels).
- O mesmo é pensar e [aquilo] em relação a que eclode um pensamento (Beaufret).
- É a mesma coisa pensar e o pensar que o ser é (Ramnoux).

Legrand (1991, p.88-9), no entanto, sintetiza: "Todo pensamento se reduz a afirmar o ser; portanto, se existe ser e se esse ser é 'idêntico' ao pensamento, o 'Idêntico' é que é ao mesmo tempo ser e pensamento ... O Idêntico esclarece a natureza da identidade entre ser e pensamento ... Na verdade, o Mesmo ou o Idêntico é o Uno".
Voltemos ao frag. 2. A deusa, com sua persuasão de boa mestra, apresenta seus axiomas: o ser é (pois é idêntico ao pensamento expresso no dizer, no enunciado) e o não ser não é. No entanto, como assinala Gigon (1994, p.283), a questão do não ser não poder ser pensada, dá-se pelo fato de ele não poder entrar no âmbito do pensamento, dado que o campo do pensamento é privativo do Ser. O que Parmênides sabe é que sobre o não ser não se pode dizer nada, o que não significa que ele não exista; Parmênides se limita a afirmar a impensabilidade do não ser e não a sua inexistência.

---

24 Excetuando-se as traduções de Souza e Kirk, as outras encontram-se em Legrand (1991, p.89).

Numa outra leitura sobre a mesma passagem, Collobert (1993, p.46-7) assinala que a deusa revela e transmite seu conhecimento por meio de afirmações ou refutações, e que o discípulo é o destinatário e o instrumento de sua palavra. Como a participação deste último requer uma escuta direta dos dizeres da deusa, a inacessibilidade do não ser seria vetada por princípio: "curiosamente, o não ser não é em si qualificado como indizível ou não cognoscível, porém ele não é dizível nem cognoscível para o discípulo".

Nos primeiros versos do frag. 6, aponta-se a possibilidade da existência de uma terceira via, que, como observado anteriormente, é uma interpretação acolhida por vários especialistas, apesar de suas controvérsias.[25] Vejamos novamente o fragmento:

> Necessário é o dizer e pensar que (o) ente é; pois é ser,
> e nada não é; isto eu te mando considerar.
> Pois primeiro desta via de inquérito eu te afasto,
> mas depois daquela outra, em que mortais que nada sabem
> erram, duplas cabeças, pois o imediato em seus
> peitos dirige errante pensamento; e são levados
> como surdos e cegos, perplexas, indecisas massas,
> para os quais ser e não ser é reputado o mesmo
> e não o mesmo, e de tudo é reversível o caminho.

Numa primeira leitura, pode-se supor que o que Parmênides está dizendo é que existe uma via do ser, uma segunda via que seria a do não ser, e uma terceira (a via dos mortais), derivada da segunda. Mas, aí, coloca-se um problema: se a segunda via não pode ser (pelas razões expostas no frag. 2), como poderia haver uma derivação desta última? A existência de uma terceira via iria invalidar os dois axiomas e, dessa maneira, toda a construção do poema? Como acreditar nas palavras da deusa se ela aparentemente se contradiz?

---

25 Collobert (1993, p.87) assinala as duas grandes linhas de interpretação sobre esta passagem: 1. autores que afirmam unicamente duas vias, afirmação que se apoia sobre uma assimilação do segundo caminho com aquele dos mortais, que é uma mistura do ser e do não ser; 2. aqueles que reconhecem a existência de uma terceira via à parte, com diferenças de *status* referentes às outras duas.

A interpretação de Collobert (1993, p.88-99) parece ser satisfatória ao esclarecimento da questão: o fato de a deusa saber e explicar a terceira via ao discípulo não significa que estas palavras pertençam a ela: elas pertencem apenas aos mortais. A crítica tecida pela deusa fundamenta-se no caráter alógico do discurso dos mortais, de sua incapacidade de decidir, de sua indecisão fundamental.

O que está nos seios humanos ("em seus peitos") não os impede de pensar, porém conduz o pensamento a formações contraditórias, insustentáveis. Daí a confusão e indecisão gerada pelos sentidos, pois a fala (o enunciado), partindo de falsos pressupostos (estando dissociada do pensar – e, portanto, do ser), torna-se vazia, apenas um rumor sem nexo, cuja escuta é equivocada e a visão cega.

No entanto, a deusa não estaria propriamente condenando os sentidos, mas sim os sentidos inerentes aos mortais,[26] que são os sentidos habituais do ouvido e da visão (aqueles que transmitem informações errôneas), e que se refletem na fala e abrem o flanco de ataque para a deusa. Não se trata, portanto, daquele sentido entendido como busca, como ânsia da verdade, que brota da condição de existir, mas o sentido do senso vulgar que conduz ao sensualismo.

A reprovação da deusa não se deve exclusivamente ao fato de os mortais confundirem o ser com o não ser, este é somente um aspecto; ela se deve ao fato de os mortais privilegiarem as características de *idêntico e diferente* quando tratam das questões do ser e do não ser e em seguida confundem a ideia do uno com plural.[27]

---

26 L. Tarán (apud Collobert, 1993, p.92-3): "O que Parmênides diz nesta passagem é que os sentidos são responsáveis pela aceitação do caminho do não ser. H. Langerbeck prova em sua tese que *aisthanestai* e *noein* não são conceitos opostos nos pré-socráticos (frag. 7.4-6). Parmênides não argumenta contra os próprios sentidos, mas apenas sugere que eles não são usados corretamente". Cf. também Lloyd (1990, p.138-47): O verbo *aisthanesthai* e o nome *aisthesis* designam bem mais do que a "percepção pelo sentido", já que eles significam "sentir" e "sentimento" em geral e se aplicam também à consciência e à consciência de si.

27 Ver o frag. 8, no qual a deusa retorna à descrição dos indícios da via possível: ingênito, imperecível, inteiro, inabalável, uno, contínuo, não divisível etc.

Existem dois tipos de enunciados de valores diferentes na via dos mortais: "o ser e o não ser são o mesmo" e "o ser e o não ser não são o mesmo", ou ainda, o ser é ao mesmo tempo diferente e idêntico ao não ser. Resumindo, o erro dos mortais centraliza-se na "permanente oscilação entre a afirmação e diferença da identidade". Como destaca Cordero (1990, p.208-14), a deusa, após ter exposto suas ideias, surpreende ao discípulo com uma questão quase inquisitória (frag. 7): "julga com o *lógos* a prova muito contestada, a que me referi". O autor observa ainda que a palavra *lógos* é atestada três vezes: a) frag. 1,15 – as doces palavras das filhas do Sol para *Díke*, ou seja, o *lógos* pertence a elas; b) frag. 8,50 – "eu termino aqui o *lógos* (palavra) e o *noema* (pensamento) sobre a verdade",[28] ou seja, o *lógos* pertence à deusa e c) frag. 7 (citado anteriormente), o *lógos* pertence ao interlocutor da deusa. Seria possível dizer que o *lógos* é um conceito tão amplo que abrangeria tudo? Como interpretar esta palavra no frag. 7?

Lógos é uma forma de julgamento, um modo de argumentação. Contra as interpretações de *lógos* como Razão ou Intelecto, Cordero mostra que a deusa não diz em parte alguma que o discípulo possua *a priori* esta faculdade. Se é solicitado ao discípulo que ele tome decisão, esta é a consequência de um processo de aprendizado, que a partir de então ele já pode escolher e realizar.[29]

A fala da deusa se iniciara pelos axiomas – o ser é, o não ser não é –, o que na realidade constitui todo o sistema, pois um terceiro seria a sua negação. O discípulo escolhe um deles: o primeiro é o da Verdade, cuja negação exclui as possibilidades do saber. A deusa não demonstra o primeiro caminho, pois como axioma, este é indemonstrável; partindo disso, apresenta uma espécie de "demonstração" do segundo caminho pela negação deste em relação ao

---

28 Cordero (1990, p.210): "Agora é a deusa quem fala, e se trata de um *lógos* sobre alguma coisa. O mesmo sobre *noema*, é *noema sobre*, e o par *lógos* (ou *légein*) e *noema* (ou *noein*) aparece sempre em Parmênides".
29 Cf. Snell (1992, p.308-9): "Parmênides é o primeiro a fazer da 'meta correta' o 'fito do pensamento' e é o primeiro a falar do 'caminho da investigação' ... a Helíade nada lhe promete. Admoesta-o: 'julga racionalmente o que eu disse' (7,5)... 'aprende' (52, 'ordeno-te que consideres' (6,2), 'o relato que ouviste, leva-o contigo'(2,1), 'aprende como são insuficientes as opiniões dos mortais' (8,51)".

primeiro e por sua impraticabilidade. Inclui ainda aquela "terceira" opção, que não pertence a seu dizer (o caminho dos mortais), e que viria a ser tão ou mais impensável que o segundo.

Após essas argumentações, cabe ao discípulo escolher o caminho, bem como fazer as escolhas coerentes: ele estará apto para distinguir os discursos verossímeis (frag. 1, 29 e frag. 8, 53-61) do discurso verdadeiro: "a escolha é a verdadeira conquista do pensamento ... para que a palavra se constitua como dizer-pensante e não como simples nominação, para que ela surja em sua verdadeira dimensão: como palavra do ser" (Collobert, 1993, p.36).

UMA SEGUNDA LEITURA DE MOUSIKÉ

Retomemos, aqui, J. Lohmann (1989). De acordo com o autor, matemática e gramática são uma só ciência da óptica do pitagorismo, porque ambas possuem, em sua base, a mesma terminologia. Para os gregos, essa visão "orgânica" do mundo e da vida fundava-se na raiz comum dessas duas regiões – das matemáticas e da língua –, cuja raiz estava contida no conceito original de *mousiké*. Nesse conceito, o universo (*kósmos*) e a alma (*psiché*) estavam ligados em uma unidade, em uma harmonia – que não era mística, mas sim matemática –, que o conceito de *lógos*, ou seja, o conceito grego de "língua" formula e ao mesmo tempo é.

Como decorrência dessa *mousiké* grega, ter-se-iam originado posteriormente o *trivium* (estudos "literários": gramática, retórica e lógica) e o *quadrivium* (estudos "científicos" – ou matemáticos: aritmética, geometria, harmonia (ou música) e astronomia) da Idade Média, que se tornaram a base da cultura ocidental.

Nessa relação particular que o homem grego mantém com o mundo, a palavra *lógos* significa, ao mesmo tempo, a palavra e a relação matemática, pois "falar" é, em certa medida, "contar", sendo este contar um protótipo de perceber a coisa em questão, de acordo com a razão. O ponto de partida para essa articulação direciona-se à primeira classificação abstrata e teórica no domínio dos números, ou seja, a divisão dos números em pares (*artioi*) e ímpares (*perissoi*). E de acordo com a tradição que nos foi transmitida, este acontecimento é associado à legendária figura de Pitágoras.

Essa classificação, inteiramente abstrata por não pertencer ao domínio das coisas concretas, teria dado impulso ao nascimento *da primeira ciência puramente "mundana" e teórica*, não direcionada a fins utilitários: o alfabeto e o gnômon. E os dois campos que tiveram seu apogeu valendo-se destes preceitos encontram seu ponto de convergência no conceito que constitui e subsume, ao mesmo tempo, as classes de números pares e ímpares: o conceito de *stoicheion*,[30] que posteriormente designará o "elemento" e a "letra".

O gnômon é o ponteiro do quadrante solar que se coloca perpendicularmente na terra, e tem como objetivo medir a sombra do sol e determinar o seu tempo e trajetória. Como as extremidades da sombra trazem variações, os pontos de referência da trajetória percorrida pela extremidade da sombra, relacionados com a extremidade inferior do gnômon, são indicados pela palavra *stoicheion*, palavra que será traduzida ulteriormente em latim por *elementum*.

Lohmann, reportando-se aos argumentos sustentados por H. Koller, nos diz que, segundo esse autor, a significação fundamental de *stoicheion* não pode ter sido "letra", porque essa palavra se remete sempre a uma "progressão" em uma série, e o alfabeto grego não tinha uma série e nunca foi compreendido dessa maneira.

Koller se reporta ao fato de que na tradição grega posterior, sobretudo nos textos de Platão nos quais estas questões são abordadas, a terminologia "gramatical" (que indica, em primeiro lugar, a arte da escrita[31] e, eventualmente, a dicção, e não a "gramática"

---

30 Cf. Taton (1994, p.235): "a palavra *stoicheion* – que traduzimos por elemento e a qual demos o sentido de fundamento, de primeiro princípio – significa primeiramente: o que está em fila, o que faz parte de uma linha, alinhamento, encadeamento, depois letras de um alfabeto. O título *Stoicheîa* coloca o acento sobre as ordens das proposições e sobre o fato que há implicações entre elas".
31 Como observa Havelock, (1996, p.16 e 39, nota 5), em princípio, os gregos não tinham um nome para designar uma palavra isolada: apenas dispunham de termos variados referentes ao som da fala (*épos*, *logos*, *mythos*, *phátis*). Todas essas formas significam "enunciados" de vários tipos.

como entendida posteriormente) coincide neste ponto com a terminologia "musical"-rítmico-métrica que cada expressão suscita.

Deste ponto, provém sua explicação de *stoicheion* indicando, em sua origem, o som musical, o "som" em uma escala de sons, na medida em que ele o nomeia como etapa numa série percorrida; ademais, o som foi transposto sobre a letra, ou seja, sobre o som que a própria letra indica.[32] O ponto-chave de sua explicação apoia-se no fato de que a música constituía a base da educação do homem grego e, desde tempos bem remotos, a notação musical era indicada por letras.

A partir das observações de Koller, Lohmann (1989, p.5) conclui que, em certa medida, a letra, para os gregos, é número, e este, por sua vez, é "*stoicheion*, a articulação sistemática de um domínio em seus últimos elementos (no caso, par e ímpar)". Dessa forma, o "som" musical e o som representado pela letra têm em comum o fato de se fundamentarem sobre a articulação de *stoicheion*.

Partindo dessa hipótese de que o *stoicheion* corresponde diretamente ao domínio da música, Lohmann procura demonstrar que *mélos*[33] – o singular do plural homérico "*melea*", "os membros do corpo", da qual provém "melodia" – é uma palavra na qual são pensadas, ao mesmo tempo, a constituição do corpo e uma determinada estrutura de articulação melódica. O autor ressalta ainda

---

32 Reinach (1975, p.161): "a música grega empregava dois sistemas de notação melódica: o primeiro, composto de signos especiais, talvez derivados do alfabeto arcaico; o outro era constituído simplesmente pelas letras do alfabeto jônico ... As letras do alfabeto jônico eram utilizadas para a notação do canto, e as outras para a notação instrumental". Ver também Chailley (1979, p.120-39).
33 Cf. Bailly (1963, p.1247): "1) membro, articulação, tanto para homens como animais (primeiramente só no plural Ilíada) – os membros e as partes – membros ou partes; 2) os membros, os corpos inteiros – membro de uma frase musical, de onde canto ritmado com arte (por oposição à *metron*, palavra versificada, métrica); 3) canto com acompanhamento de música, definido como uma junção, de onde melodia – com medida, cadência, ajustamento; 4) por extensão, palavra que repetimos sem cessar; 5) poesia lírica, por oposição à poesia épica ou dramática"; Snell (1992, p.24-8): "no vocabulário de Homero, a palavra que melhor corresponde ao que mais tarde foi *soma* é *demas* ... Em lugar de 'corpo', Homero nomeia 'membros'. *Guya* são os membros; enquanto dotados de movimento por meio de articulações, *melea* são os membros enquanto dotados de força, devido à musculatura ... só os plurais *guya*, *melea* denotam a corporeidade do corpo".

que, nesse sentido, *mélos* está sendo empregado como um tipo de "coletivo" (assim como *épos*, "palavra", para toda a poesia lírica), para indicar "o mundo articulado dos sons".

A particularidade do conceito de *mélos* reside na oposição entre *épos* e *mélos*, que ao fim exprime uma abstração tão grande quanto o par conceitual "par/ímpar": "o conceito de *mélos* significa a abstração que é a estrutura 'melódica' da palavra humana ... uma coloração involuntária do que é dito espontaneamente, que está no reino da percepção dos sons pelos ouvidos, como a cor está para o mundo visual" (Lohmann, 1989, p.19).

Esse conceito exprime também o fato de que a teoria musical grega sempre postulou que cada "tonalidade" tem por sua natureza, ou deveria ter, um certo *éthos*. Essa identidade entre uma forma musical e um certo estado anímico encontra sua expressão na etimologia de *mélos*, pois nessa palavra são pensados simultaneamente uma constituição corporal e uma determinada estrutura da articulação melódica. Em outras palavras, "a estrutura melódica é perfeitamente idêntica a uma determinada maneira de pensar e sentir, cujos sons manifestam ao exterior por sua acústica; da mesma forma, a palavra (em sua acústica) apresenta, consoante a concepção grega, um sentido pensado, de modo que funcione como o nome deste (ibidem).

Para ilustrar a hipótese de que a palavra *mélos* é compreendida simultaneamente como constituição corporal e articulação melódica, Lohmann reporta-se ao frag. 16 de Parmênides, que veremos a seguir:

> Pois como cada um tem mistura de membros errantes,
> assim a mente nos homens se apresenta; pois o mesmo
> é o que pensa nos homens, eclosão de membros,
> em todos e em cada um; pois o mais é pensamento.

Deixando à margem interpretações mais usuais desse fragmento, o autor propõe a seguinte leitura: a mistura dos membros é *ao mesmo tempo*, em uma perfeita unidade, a disposição "de um determinado modo" dos membros corporais e um *mélos* determinado – uma estrutura melódica que para os gregos é *idêntica* ao "sentir" e sua respectiva "expressão", pois a "disposição dos membros" e o pensar/experenciar (que aqui não estão separados) são um todo (a disposição dos membros é a mesma que pensa), em todos e em cada um (Lohmann, 1989, p.20).

Tanto a mistura dos membros como a estrutura melódica e o *nóos* são, de acordo com a maneira "pitagórica" de se exprimir, uma *armonia*, uma junção. A junção de experienciar é, portanto, pensada como uma estrutura melódica. Pois a *lei* de uma tal harmonia é também matemática, uma proporção cuja relação postula como regra geral o maior elemento exceder o menor em uma unidade (9/8 – o tom inteiro). O que Parmênides teria mencionado, segundo essa interpretação, é que em uma relação de contrastes o que é pensado ou experenciado é sempre o que predomina.

Na perspectiva pitagórica, as relações (em grego, os *lógoi*) dos sons entre eles são um caso privilegiado da estrutura harmônica do mundo em geral, na medida em que foi primeiramente nessas relações que se reconheceu a estrutura matemática do universo – a identificação e verificação do macrocosmo no microcosmo.

Por isso, seria possível verificar também aqui a relação entre o nome e a coisa que ele nomeia: "os intervalos são os sons; eles são, por consequência, o que dizem seus nomes e atestam que 'o que é' e 'é reconhecido' é sempre dominante" (ibidem, p.21).

Retornando ao conceito de *stoicheion*, Lohmann assinala sua participação no plano anterior do processo do mundo, como movimento harmônico em sua totalidade. Sua acepção como "letra", portanto estática, só ocorrerá posteriormente, quando associado a *syllabé*, sílaba.

Disso, a ideia de que a letra, em certa medida, é a encarnação do conceito de *stoicheion*; no entanto, a letra não é, no sentido grego, simples signo fonético e notação musical, mas é igualmente número: e o número é, por sua vez, *stoicheion*, não apenas no gnômon, mas também como número puro. Os *stoicheîa* do número são "par" e "ímpar", que se alternam no decorrer de uma progressão.

Todo esse raciocínio desenvolvido por Lohmann fundamenta-se no pressuposto de que para os gregos a maneira de falar ou mesmo de enunciar ou definir um conceito é dar voz ao próprio nome da coisa em questão. E isso também vale para o conceito de *lógos*, que traduzimos como palavra, razão, relação matemática, fundamento etc.³⁴ O *lógos* grego é em si uma coisa *una;* seu emprego para relação matemática não significa, no entanto, uma terminologia afastada do uso corrente, mas o próprio conceito em sua universalidade. *Lógos*, como forma de pensamento, já se encontra em Homero. Está emparelhado com o conceito grego de verdade como *alétheia*, ou seja, como desvelamento.³⁵ A este conceito de verdade como desvelamento no *lógos*, visando a uma presença perfeitamente "anterior" da própria coisa, pertence igualmente o conceito de *arché*, de começo, cujo termo técnico é "princípio".

Em contrapartida, *lógos* constitui também a maneira grega de "apresentar" um estado de coisas, à qual corresponde, na forma científica do pensamento moderno, a evidência da experimentação. Visto desse ângulo, ele exerce uma função idêntica ao simbolismo operacional na matemática moderna e na logística. O pressuposto dessa analogia consiste em que, para todos os dois, é a lei da "isomorfia" que prevalece entre a formulação e a coisa formulada.³⁶ O conceito de verdade como *alétheia* é exatamente isto, a adequação entre a expressão e a coisa.

---

34 Vejamos algumas acepções dadas por Bailly, (1963, p.1200-1): "A) Palavra; 1) a palavra (em geral); 2) uma palavra (particular); no plural, palavras, de onde, linguagem; 3) várias aplicações particulares: a) na lógica, proposição, definição; b) o que é dito, um dizer; c) revelação divina, de onde, resposta do oráculo; d) sentença, máxima, provérbio; e) exemplo; f) decisão, resolução; g) condição; h) promessa; i) pretexto; j) argumento; k) ordem; 4) menção; 5) ruído; 6) entrevista, de onde a) conversa; b) discussão (geral), discussão filosófica (particular); 7) récita, de onde a) fábula; b) história, tradições históricas; 8) composição em prosa (geral); a) discurso, oratória (particular); b) tratado de filosofia, de moral, de medicina; c) obra ou parte de uma obra; d) por extensão, letras, ciências, estudos em geral; B) Razão, de onde 1) faculdade de raciocinar, razão, inteligência; 2) razão, bom senso; 3) razão íntima de alguma coisa, fundamento, motivo; 4) exercício do raciocínio, julgamento, de onde a) opinião; b) boa opinião, estima; c) valor atribuído a algo ou alguém; d) relação, proporção, analogia; e) justificação, explicação; 5) opinião sobre algo, presunção; 6) no sentido filosófico e religioso posterior, a) a razão divina (filosófico); b) verbo divino (religioso)".
35 Heidegger (1995a, p.311): "Como os *phainomena* são possíveis? Pela *alétheia*. Os gregos viveram imediatamente a abertura dos fenômenos, eles coligam *alétheia* onde o sendo se desvela em fenomenalidade. Para os gregos, as coisas aparecem. Para Kant, as coisas me aparecem. Para os gregos, a Alétheia faz aparição enquanto *lógos*; e *lógos*, bem mais radicalmente significa 'dizer', ou seja: deixar-entrar-em-presença".
36 Cf. Szabó (1977, p.158-75).

A matemática, desde o Renascimento, tem três classes de símbolos operacionais, que são as "cifras", os signos de grandezas variáveis (a, b e x) e os signos de operação (+, –, :, x). A matemática grega, por sua vez, não possui signos numéricos especialmente conhecidos,[37] pois o "alfabeto" indica ao mesmo tempo: a) os sons da língua, b) os números e c) o tom na música. Matematicamente falando, *lógos* significa "relação" entre duas grandezas. Primeiramente, isso quer dizer que a indicação de uma tal relação só pode ocorrer em uma construção da língua; e isso significa que a expressão é pensada aqui como idêntica a seu conteúdo.

À guisa de conclusão, Lohmann nos diz que a maneira grega de se exprimir apresenta um significado matemático e gramatical simultâneo, que ilumina as duas áreas mutuamente. Nesse contexto, a palavra não tem um significado, mas é o nome da coisa: e como nome, a palavra tem a força de nomear. E isso só é possível pela dinâmica intrínseca do *lógos*.

PARA VIR AO ENCONTRO, ALGUMAS CONSIDERAÇÕES

Vimos, com Anaximandro, que os contrários exercem um papel fundamental na cosmogonia. Assim, a prevalência de uma coisa à custa de seu contrário e a reação que ela desencadeia contra qualquer castigo são, nesse caso, a restauração da igualdade e da estabilidade do universo. Desse processo antagônico mas harmonioso, nasce, para Anaximandro, o universo como ordem, pois sob o domínio de *ápeiron* o cosmos é conduzido segundo um esquema geométrico circular, com equilíbrio de forças, reciprocidade de posições, cujo centro são o ponto de referência. O caráter mediador do *ápeiron* entre os vários elementos torna-o comum – assim também como o centro –, pois as referências, o equilíbrio e a medida regular irradiam-se "segundo o decreto do Tempo".

---

37 Ross (1993, p.212 ss.): "o número conota pluralidade, de tal modo que o 1 não é o número, mas o primeiro do número, *a partir do qual* se inicia o número ... Para os gregos do tempo de Platão, 'número' só se aplicava a números naturais. Não tinham zero, nem números negativos e não aplicavam o nome de número às frações ou aos irracionais".

De maneira análoga, encontra-se em Heráclito essa concepção dinamista do mundo, para o qual a disposição *contraditória* (hoje *dialética*) do cosmos também apresenta-se harmonicamente. Para esse, uma conexão invisível oculta um fluido que comanda as transformações incessantes, pois tem caráter de lei. Essa lei dinâmica, que se manifesta em âmbito geral, é justa e necessária, porque filha da guerra e da discórdia, força motriz intrínseca do *lógos*, o "fogo sempre vivo" que impõe sua ritmicidade a tudo e a todos.

Coloca-se, assim, uma primeira questão: Filolau, filósofo pitagórico da segunda metade do século V, nos diz em um de seus escritos que *a harmonia é a unificação de muitos (elementos) misturados e a concordância dos discordantes* (frag. 10); portanto, o conceito heraclítico de harmonia não deixa transparecer uma noção análoga, ou seja, a ideia de que todos os movimentos universais, macro e microcósmicos, não se cruzariam num mesmo ritmo estável, numa mesma forma pitagórica?

Heráclito identificou o *kósmos* como "lei universal", lei que, aliás, é idêntica ao *lógos*-"medida". Nesse sentido, não se poderia pensar que a identificação "*lógos*-medida" já estivesse latente ou implícita nos pitagóricos, uma vez que, segundo a tradição, remonta a Pitágoras a primeira descrição do universo como um *kósmos*? Assim, também a conjetura de que a alusão ao "arco" e à "lira" no frag. 51 de Heráclito esteja se referindo às descobertas musicais pitagóricas?

Ainda sobre este ponto: se compreendermos o *lógos*-"medida" como razoabilidade e coerência, não se poderia estabelecer também uma analogia com a solicitação da deusa de Parmênides a seu discípulo? Quando a deusa aponta o trôpego caminho dos mortais, não estaria, de certa forma, colocando a mesma questão de Heráclito, ou seja, é necessário *ouvir o lógos* para que se possa escolher o caminho correto?

No que se refere à harmonia, os apontamentos parecem indicar que, nesses primeiros tempos, tal ideia não envolve necessariamente uma medição numérica concreta. Ela parece ser bem mais uma propriedade do sentido do que dos significados racionalmente demonstráveis. Em Anaximandro ela é ordem, ajustamento, medida, mas sem referência à medição ou a qualquer tipo de ajuste. Em Heráclito há praticamente a mesma coisa: "uma conexão invisível" (ou "uma harmonia invisível" – frag. 54) e "dos divergentes nasce a mais bela harmonia, segundo a discórdia" (frag. 8) também não parecem sugerir nenhuma noção racionalista.

Quanto à aproximação de Heráclito e Parmênides, J. Beaufret (1973a, p.168) observa que, "apesar da disparidade aparente entre suas palavras, talvez os autores estejam dizendo uma mesma coisa, na medida em que ambos estão à escuta de um mesmo *lógos* e na medida em que, tanto um como outro, o escutam com um mesmo ouvido, posto na origem do pensamento ocidental". E prossegue dizendo que os conceitos de *physis* (Heráclito) e *alétheia* (Parmênides) podem estar bem próximos em suas interpretações. Pois a *physis*, a verdadeira constituição das coisas, não se deixa conhecer à primeira vista, dado que sua manifestação é a mudança; no entanto, esse movimento ocorre sobre um fundo em que a força da harmonia tende a preservar todos os contrários numa estabilidade de lei. Uma lei que não é verificável a olho nu (porque invisível), mas somente pressentível no sentido. Por outro lado, quando Parmênides advoga uma imutabilidade do ser (que é *alétheia*, a Verdade) em face do não ser, essa permanência ocorre pela constante mudança da presença/ausência:

> Frag. 4: *mas olha embora ausentes à mente presentes firmemente; pois não deceparás o que é de aderir ao que é, nem dispersado em tudo, totalmente pelo cosmo, nem concentrado* ... o significado desses quatro versos no centro do poema não é, de forma alguma, uma indistinção da presença e da ausência em uma pura e simples confusão das duas. Eles nos dizem bem mais que uma dispersão do ser ocorra no desaparecer da ausência, pois é somente nele (no ser) que a ausência pode ter lugar. Não que o ser tenha primeiro se colocado em si mesmo como um gênero superior acima da presença e da ausência; é ao contrário segundo uma relação mais essencial de um ao outro que se desvela sua plenitude. A oposição da presença e da ausência, longe de constituir um corte bem delimitado que os separam, *é* ela mesma esta correlação unitiva onde nós estamos na presença da presença-ausência. Se, portanto, a ausência aparece desconectada da presença, é apenas quando a vista [no sentido de percepção] fica curta, como acontece na *recepção* da *doxa*. Mas ocorre totalmente ao contrário, para quem tem boa

vista, ou seja, no *recolhimento* onde o pensamento responde plenamente ao ser. (Beaufret, 1973b, p.48-9)[38]

Nesse sentido, Beaufret aponta uma semelhança entre o imobilismo de Parmênides e o mobilismo de Heráclito, ou melhor dizendo, que existe tanto permanência quanto mudança em ambos os autores.

Voltando à questão do *lógos*, pode-se ainda dizer que este – de maneira análoga à *mousiké* – também é ouvido primeiramente como totalidade (ou sentido), como manifestação abrupta e insistente, que não depende de interpretações para avaliá-lo. Daí, o entrelaçamento dos conceitos e seus respectivos atributos, colocando-os praticamente como sinônimos, indiferenciados em sua generalidade.

Portanto, é essa singularidade que confere à *mousiké* sua equivalência com o *lógos*. Não fora mero acaso que a música se tornasse a base da cultura geral grega e, em certo sentido, o que distinguisse o homem culto do inculto. Se não houvesse tal singularidade, ela não teria alcançado esse patamar, tampouco seria uma das bases do *paideuma* grego.

Cabe aqui ressaltar, no entanto, uma diferença não apontada por Lohmann: o mundo pitagórico é o primeiro a eleger uma certa autonomia ou transcendência da *ideia de representação*. Vale dizer, não estamos mais (pelo menos exclusivamente) mergulhados nas águas do sentido: estamos diante de células musicais que parecem ter nascido como são e que, por isso mesmo, seriam primárias e, portanto, constituidoras do mundo e suas coisas.

Isso não destrói a *mousiké*, nem seu parentesco com o *lógos*. Ao contrário, esse elemento de razão se torna *complementar* da desrazão e do sentido. O timbre, por exemplo, só pode ser produção do sentido, pois brota da alma *singular* das coisas. Não tem, portanto, uma fonte pitagórica, pois não é numeralizável, nem simbolizável. O timbre é primitivo, e sua constituição, a imediata música dos corpos.

Voltando agora ao ponto de partida, veremos que a "música", observada em toda sua complexidade pela óptica do pitagorismo,

---

38 Cf. também Heidegger (1990a, 1995b, 1973c).

constituía muito mais do que uma simples doutrina filosófica: ela era o substrato de uma visão lógica do mundo, um tipo de modelo universal para o conhecer e o sentir que, posteriormente – ao menos nas interpretações mais usuais e restritas –, foi compreendida apenas como *sensibilidade*.

4 PENSAR É SE LIMITAR A UMA ÚNICA IDEIA...

Pensar é se limitar a uma única ideia, que um dia se tornará uma estrela no céu do mundo.

(Heidegger, *A experiência do pensamento*)

Falar sobre Pitágoras, seus feitos ou sua escola não é tarefa fácil, pois razões diversas colaboram ainda hoje para que a situação se encontre em um estado nebuloso. Guthrie (1978, p.146) observa que "a história do pitagorismo é talvez o capítulo mais controvertido da filosofia grega, e muito sobre ele resta-nos ainda obscuro". Um dos motivos seria o fato de que a dificuldade para a reconstrução desse material encontra-se na superabundância de informações – à diferença de outras escolas contemporâneas a ela, cuja dificuldade reside na escassez de material. O que se verifica nos trabalhos dedicados especificamente a Pitágoras e ao antigo pitagorismo, ou à literatura pitagórica, é que por vezes eles apresentam pontos de vista controversos, pois as abordagens geralmente tendem a privilegiar uma vertente (a místico-religiosa, a política, a filosófica ou a matemático-científica). A justificativa para tal pode se dar simplesmente pela impossibilidade de acesso ao conjunto do material, pelas alterações que esse material apresenta, ou mesmo porque talvez todas essas vertentes tenham de ser consideradas de maneira unitária, não se podendo isolar nenhuma delas.

Ainda contribuindo para o estado da questão, temos o fato de que Pitágoras não deixou nenhum documento escrito e as informações mais próximas à sua época chegaram até nós de maneira fragmentada e por intermédio de autores antigos posteriores (de Platão, século IV a. C., até Simplício, século VI d. C.). Esse material, que se conserva sob a forma de excertos *verbatim*, citações aproximadas, reinterpretadas e mesmo adaptadas de um ponto de vista alheio, é encontrado nas obras de filósofos, historiadores, antologistas, comentadores e doxógrafos (Kirk et al., 1994, p.XIII). Sendo assim, tornam-se evidentes as dificuldades ao acesso imediato aos pensamentos dessa escola ou de seu fundador, visto que o conjunto desse material se constitui praticamente de fontes mediadas.

Pitágoras nasceu em Samos, cidade rival de Mileto, por volta de 580/578 a. C., e pelo ano de 540 deixou sua pátria estabelecendo-se na Magna Grécia, no sul da Itália. Em Crotona, fundou uma associação que parece ter tido um duplo aspecto religioso-ético e filosófico-científico, cujas doutrinas eram mantidas em segredo. As ideias do pensador logo se espalharam e seus adeptos criaram outros centros em cidades próximas, tais como Tarento e Siracusa. Participantes ativos na política provocaram uma revolta em Crotona, o que fez que Pitágoras abandonasse a cidade e se refugiasse em Metaponto, onde morreu por volta de 487/486 (ou 480) a. C.

Pelo que as evidências apontam, a figura de Pitágoras já se tornara lendária em sua própria época, talvez até mesmo antes de sua morte. Esta imagem transfigurada, na qual se mesclam os atributos de sábio, filósofo, vidente, ativista político, matemático, líder religioso, poeta inspirado, foi bem mais acentuada após o ressurgimento do pitagorismo nos primeiros séculos da era cristã, período no qual se encontram as três "biografias" (ou "Vidas") mais importantes sobre ele, escritas respectivamente por Diógenes Laércio (século III), Porfírio (233-304) e Iâmblico (250-325), sendo estes dois últimos neoplatônicos.

As referências mais antigas sobre Pitágoras[1] encontram-se nos escritos de Heródoto, Íon de Quios, Heráclito e Xenófanes, todos eles do século V a. C. Por exemplo, Heráclito (frags. 40 e 129) apresenta ironicamente Pitágoras como um investigador que possui muitos conhecimentos, porém nem todos confiáveis. Acusado de explorar e selecionar habilmente o que encontrava nos outros, seu saber era considerado falso, pois sua polimatia era incompreensível. Heródoto também coloca, de certa forma, em dúvida sua reputação de sábio, alegando que dentre os pensadores jônicos, Pitágoras não é o pior. Para Íon de Quios, ao contrário, Pitágoras inclina-se mais para um autêntico sábio do que para um charlatão, pois lhe atribui um profundo conhecimento da opinião humana.

No entanto, Xenófanes, referindo-se à doutrina da reencarnação, comenta o episódio no qual Pitágoras, ao passar por um cachorro que estava sendo espancado, suplicou para que parassem imediatamente, pois tinha reconhecido a alma de um amigo pelo latido do animal; também em Heródoto, encontram-se outras referências sobre a associação entre pitagóricos e órficos.

Assim, pode-se observar que as informações apresentadas já prefiguram um quadro polêmico em torno de Pitágoras, apesar de sua contemporaneidade, isenção de sobreposições e contaminações posteriores. No entanto, as vertentes especulativa e religiosa já se tornam evidentes, mesmo que de maneira tênue, pois, como observa Cornford (1989, p.176), os pensadores desse período não possuem duas visões distintas do Universo – "uma religiosa para os domingos e científica para os dias da semana"; o que eles têm é uma visão global que abarca tudo aquilo que consideram como sabedoria e, por isso, a dificuldade de percebermos em seus escritos a ligação existente entre setores do pensamento que hoje, para nós, estão dissociados.

O que sabemos sobre a primeira organização pitagórica chegou até nós por intermédio de autores tardios, e sua caracterização oscila entre uma escola de caráter filosófico-científico e uma comunidade de caráter religioso. Como relatam os biógrafos, para ser admitido nessa comunidade, o candidato devia submeter-se a

---

1 Cf. Heródoto, IV, 95 (DK 14, 2); Íon, frag. 4, Diógenes Laércio I, 120; Xenófanes, frag. 7; Diógenes Laércio VIII, 36; Heródoto II, 81 (DK 14,1).

uma espécie de preparação inicial e um período de provas antes da admissão propriamente dita. A vida comunitária era extremamente rígida e regulamentada com normas que restringiam inclusive certos tipos de alimentação e de vestuário. Nesses documentos conservam-se ainda algumas máximas consideradas como parte da doutrina pitagórica. Tais máximas, denominadas *acusma* ("coisa ouvida"), indicam literalmente que os ensinamentos eram transmitidos de forma oral, provavelmente para facilitar a memorização dos preceitos descritos. Os acusmatas, denominação que se referia ao conjunto dos ensinamentos e era também extensiva aos seguidores (acusmáticos), parecem ter ocupado uma posição central no pitagorismo.

Diógenes Laércio, VIII 17: Os teus símbolos[2] eram estes: não atices o fogo com a faca, não inclines a balança, não te sentes em uma ração de trigo, não comas o coração ... não portes a imagem de um deus gravada em um anel, não deixes as marcas de uma panela sobre as cinzas ... não urines olhando para o sol, não caminhes pelos grandes caminhos, não balances tua mão ao acaso ... não urines e nem caminhes sobre as aparas de unhas ou cabelos, te distancia de facas afiadas; quando viajares para fora de teu país, não voltes para trás.[3]

Iâmblico, *Vida de Pitágoras* 82 (DK 58 c4): Todos os chamados acusmatas se dividem em três categorias: uns indicam o que uma coisa é, outros o que é o mais importante, outros o que se deve ou não fazer. Exemplos da categoria "o que é" são: O que são as Ilhas dos Bem-Aventurados? O Sol e a Lua. O que é o oráculo de Delfos? A *tetractys* [tétrade]: que é a *harmonia* em que cantam as Sereias. Exemplos da categoria "o que é o mais...?" são: Qual é a coisa mais justa? Fazer um sacrifício. O que é mais sábio"? O número; mas em segundo lugar, o homem que deu nomes às coisas. Entre nós, qual é a coisa mais sábia? A medicina. Qual é a mais bela? A *harmonia*. Qual é a mais poderosa? O conhecimento. Qual a melhor? A felicidade. Que de mais verdadeiro há no que se diz? Que os homens são perversos.

Esses preceitos apresentam variados assuntos e por vezes algumas orientações podem nos parecer estranhas, pois segui-las trans-

---
2 *Symbola* era uma outra denominação desses preceitos.
3 Em Porfírio (1982, p.41-5) e Iâmblico (1989, p.21; 1996, p.83-7, 99-100, 105, 153-6) encontra-se também uma longa lista de *acusmas*.

formaria radicalmente a vida quase em um sentido puritano. No entanto, a significação desses provérbios, que se inclinam mais para uma interpretação metafórica do que para a literal, parece refletir algumas preocupações de ordem nitidamente pitagóricas, como a conduta moral e religiosa dos indivíduos, a relação entre a vida e a morte, e o papel desempenhado pela harmonia, o número e a *tetractys* (tétrade) no campo do conhecimento.

É bastante provável que a doutrina sobre a harmonia e as razões numéricas provenha do próprio Pitágoras, pois, no tempo de Platão e Aristóteles, a aplicação da teoria dos números à música era uma preocupação central dos pitagóricos da época, tal como Arquitas. Porém, sobre essa questão, existe um conflito de testemunhos que parece remontar a uma antiga disputa de opiniões entre os primeiros seguidores, que se refere às origens do elemento científico em sua tradição. As informações que relatam esse episódio encontram-se nas obras de Iâmblico e Porfírio, no qual é apresentada a distinção existente entre os acusmáticos e os matemáticos. Vejamos, a seguir, estas passagens:

> Porfírio, *Vida de Pitágoras*, 37: Pois os ensinamentos [de Pitágoras] eram fornecidos de dupla maneira. Entre os seus discípulos, uns eram chamados de *matemáticos* e outros de acusmáticos. Os matemáticos tinham aprendido a fundo o discurso científico superior, trabalhando os mínimos detalhes; os acusmáticos só tinham entendido sumariamente os preceitos tirados dos escritos, sem nenhuma explicação precisa.

> Iâmblico, *Vida de Pitágoras*, 81-82: Desde a época de Pitágoras, foi estabelecida na Escola essa divisão em dois grupos. Se considerarmos as coisas de um outro ponto de vista, existiam também dois tipos de filosofia, de acordo com a tendência de cada grupo: os acusmáticos e os matemáticos. Os matemáticos eram reconhecidos pelos outros como os pitagóricos, ao passo que os acusmáticos não o eram pelos matemáticos. Os matemáticos consideravam que a doutrina dos acusmáticos não era proveniente de Pitágoras, mas de Hípaso ... A filosofia dos acusmáticos é constituída de máximas orais desprovidas de demonstração e argumento.

> Iâmblico, *Comm. math. sc.* p.76, 16-77, 2 Festa: Dois são os tipos de filosofia itálica, chamada pitagórica. Pois também duas foram as categorias dos seus praticantes, os acusmáticos e os matemáticos.

Destes, os acusmáticos eram aceitos como pitagóricos pelo outro grupo, mas não admitiam que os matemáticos fossem pitagóricos, ao sustentarem que as suas atividades intelectuais derivavam não de Pitágoras, mas de Hípaso. Uns dizem que Hípaso era natural de Crotona, outros de Metaponto. Mas os pitagóricos que se ocuparam das ciências concordam que os acusmáticos são pitagóricos, e afirmam que eles próprios o são numa escala maior, e que o que dizem é a verdade.

Temos aqui três versões sobre o mesmo fato, em que as duas de Iâmblico apresentam informações contraditórias. Na primeira versão, são os matemáticos que consideram duvidosas as doutrinas dos acusmáticos, além de acentuarem o caráter não demonstrativo de suas máximas orais, e na segunda versão são os acusmáticos que não admitem que os ensinamentos dos matemáticos sejam provenientes de Pitágoras. Ambos os testemunhos concentram suas justificativas, mesmo que contraditórias, na figura de Hípaso de Metaponto, que de acordo com as referências de Iâmblico (1996, p.88 e 246-7) teria divulgado a doutrina secreta da construção da esfera de doze pentágonos ou dos irracionais e das grandezas incomensuráveis.[4] No entanto, alguns estudiosos modernos admitem que a segunda versão seja a mais verossímil, não tanto pela questão da supremacia de uma ou outra corrente dentro do pitagorismo,[5] mas pelo fato de que nessa sociedade: a) era tradicionalmente aceito

---

4 Cf. Fritz (1970).
5 Dentre alguns estudiosos do pitagorismo (Kirk, Guthrie, Kahn, Centrone, Burkert), também existe uma polêmica sobre qual das duas tendências seria a mais antiga. Burkert e Centrone tendem para a primazia dos ensinamentos orais, alegando que, como todas as fontes que relatam este episódio são neoplatônicas, a matemática à qual eles se referem já seria fruto de uma reinterpretação platônica sobre o pitagorismo. Kahn Guthrie e Kirk, que possuem opiniões semelhantes, tendem pela existência das duas correntes, não privilegiando nem uma nem outra; suas justificativas estão apresentadas de modo geral no corpo do texto. Ainda que na *Vida de Pitágoras*, de Iâmblico (1996, p.37-57, 71-9), se encontrem referências sobre as diferentes maneiras pelas quais Pitágoras se dirigia a cada grupo, isso não parece justificar a excelência dos ensinamentos orais sobre os matemáticos, nem que ambos os ensinamentos não sejam oriundos do próprio Pitágoras. Seria plausível supor que, nessas passagens, Iâmblico esteja se referindo ao fato de que Pitágoras se limitava a ensinar a cada grupo aquilo que estavam aptos a aprender, havendo, portanto, uma diferença entre os ensinamentos para os indivíduos dotados ou não para as matemáticas. Com relação aos discursos pitagóricos e a retórica psicagógica, ver Plebe (1978, p.3-9).

pelos membros que todos os preceitos e descobertas científicas fossem atribuídos a seu fundador; b) o número, a harmonia e a tétrade já ocupavam um lugar de destaque nas três divisões dos acusmatas, o que atesta que as razões numéricas e sua aplicação na música já eram conhecidas na época de Pitágoras; c) o fato de que se ambas doutrinas não fossem do próprio Pitágoras, não haveria referências posteriores no pitagorismo tardio.

No entanto, não se pode perder de vista que o sistema pitagórico apresenta aspectos religiosos, filosóficos e científicos inextricavelmente articulados e que todos são apenas lados de um sistema singular e único. Portanto, sua noção de filosofia como um todo ultrapassa a curiosidade intelectual, adquirindo também um traço purificatório, na qual o conhecimento, a purificação e a salvação das almas são uma só e mesma coisa.

A crença dos pitagóricos baseia-se na ideia universal de parentesco (ou simpatia), cujas características podem ser resumidas nas noções de ordem e moderação. Esses traços, que na realidade não são exclusivos dessa corrente, refletem a concepção geral do *lógos* ou *ratio* gregos, que, sobrepondo o inteligível, o determinado e o mensurável ao vago e indefinido, consideram a proporção das coisas como fator determinante.

Segundo Guthrie (1978, p.206-7), seria possível traçar, de maneira simplificada, uma ponte entre o pensamento religioso e o filosófico dos pitagóricos nos seguintes termos: a) o mundo sendo um *kósmos*, uma intraduzível unidade do mundo contendo as noções de ordem, arranjo e estrutura perfeitos; b) se toda natureza é similar, a alma do homem está intimamente relacionada com este universo; c) se há essa similaridade, é possível conhecê-la; d) portanto, a filosofia é o melhor caminho para a compreensão da estrutura do *kósmos*, reiterando e cultivando essa unidade.

Nesse sentido, a filosofia seria a contemplação e constatação dessa unidade do macrocosmo no microcosmo, uma apreensão intelectual da ordem do mundo em escalas diferentes e em diversas manifestações que circundam nossas vidas, sendo assim uma apreensão fundamental para o entendimento do lugar que a música ocupa nessa filosofia. Porém, isso não significa que os pitagóricos tivessem adotado uma postura passiva diante do mundo, pois, de acordo com essa perspectiva filosófica própria, desenvolveram estudos no campo da teoria dos números, música, geometria e astronomia, tendo a música adquirido um caráter de suma importância em seu *corpus* filosófico. É reconhecido que os pitagóricos foram responsáveis por alguns avanços no campo das ciências matemáticas, porém é necessário salientar que a compreensão deles sobre essa área era um pouco diferente da nossa, no sentido em que "à origem, as matemáticas pitagóricas são dominadas por um pressuposto filosófico: a ideia de que tudo é número e que os números são 'os modelos das coisas'" (Taton, 1994, p.227). Para eles, os números eram uma realidade independente responsável pela harmonia, o princípio que governa a estrutura do mundo, e simbolizavam ainda qualidades morais e outras abstrações.

Um dos principais testemunhos sobre a teoria pitagórica dos números encontra-se nos dois primeiros livros – A e α – da *Metafísica* de Aristóteles,[6] cuja característica principal baseia-se no estabelecimento da distinção entre as ideias de origem platônica e as de origem pitagórica. Apesar de esta ser uma das mais seguras referências sobre a teoria dos números, os estudiosos, tais como Burkert, Guthrie e Kirk, ponderam que por muitas vezes Aristóteles interpretou o pensamento de filósofos anteriores à luz de sua própria teoria e terminologia conceitual, o que por vezes torna difícil saber até que ponto o que está sendo apresentado é uma leitura interpretativa porque já contaminada por sua própria linguagem, ou apenas uma exposição isenta de interpretações. Vejamos uma das citações mais importantes:

> Aristóteles, *Metafísica*, A 5, 985b 23: Contemporâneos destes filósofos [sc. Leucipo e Demócrito], e anteriores a eles, os chamados Pitagóricos dedicaram-se à matemática; foram eles os primeiros a fazer progredir estes estudos, e tendo sido criados neles, pensaram que os seus princípios eram os princípios de todas as coisas. Uma vez que, destes princípios, os números são por natureza os primeiros, e que nos números eles pensaram ver grande porção de semelhanças com

---

6 Outras passagens importantes encontram-se ainda nos livros *M* e *N* da mesma obra.

as coisas que existem e que se geram – mais do que no fogo e na terra e na água (sendo uma determinada modificação do número a justiça, uma outra, a alma e o intelecto, uma outra, a oportunidade – e, semelhantemente, sendo quase todas as demais coisas numericamente exprimíveis); visto, ainda, eles verem que os atributos e as razões dos acordes musicais eram exprimíveis em números; visto, também, todas as demais coisas no conjunto da natureza parecerem ter sido modeladas a partir de números, e que os números pareciam ser as primeiras coisas no total da natureza, supuseram que os elementos dos números eram os elementos de todas as coisas, e que todo o céu era um acorde e um número. E todas as propriedades dos números e acordes que eles foram capazes de demonstrar que estavam em concordância com os atributos e as partes e a disposição dos céus, eles as reuniram e ajustaram ao seu esquema; e se em algum ponto havia uma lacuna, logo faziam adições, por forma a que toda a sua teoria fosse coerente. E. g., visto considerarem que o número 10 é perfeito e que abarca a natureza total dos números, eles afirmam que os corpos, que se movem através dos céus, são em números de dez, mas como os corpos visíveis são apenas nove, para obviar a esta dificuldade, inventam um décimo – a "antiterra". Estas questões foram já por nós debatidas com maior exatidão em outro lugar...

É evidente, pois, que estes pensadores consideram também que o número é o princípio, tanto como matéria das coisas como formador das suas modificações e dos seus estados permanentes, e sustentam que os elementos do número são o par e o ímpar, e que destes o primeiro é ilimitado e o segundo limitado; e que o 1 procede de ambos (por ser simultaneamente par e ímpar) e que o número procede do 1; e que todo o céu, como já se disse, é números.

Tanto aqui como em outras passagens da mesma obra (por exemplo, *A* 8, 990), Aristóteles fala de "pitagóricos" e não de Pitágoras. Esse fato, no entanto, parece transparecer um certo ceticismo de sua parte com relação às informações que apresenta ou ainda talvez seja fruto de dúvidas já existentes naquela época, sobre até que ponto essa doutrina fosse originária de Pitágoras ou de pitagóricos posteriores. Sendo um motivo ou outro, o fato é que ele parece deixar a cronologia deliberadamente vaga.

De modo geral, pode-se dizer que, consoante Aristóteles, os números, para os pitagóricos, são os elementos de todas as coisas e que o mundo como um todo é constituído de harmonia e número, sendo, portanto, a harmonia também constituída por razões musicais. De maneira análoga a outros pensadores (como, Anaximandro e o *ápeiron*), os números são para eles a *arché*, a origem "de onde as coisas provêm e para onde elas retornam, suas causas imanentes e suas substâncias" (Robin, 1973, p.79).

À diferença de Platão, para quem os números são distintos e separados das coisas sensíveis, para os pitagóricos "as coisas são números",[7] ou seja, para os últimos não haveria, na realidade, nenhuma distinção entre princípio ontológico e realidade sensível e de uma conexão abstrata dos números.

Como observa Centrone (1996, p.117), o termo grego para número, *arithmos*, indica, em primeiro lugar, uma pluralidade de coisas, ou ainda, as coisas que são objetos de numeração e não apenas o número como uma entidade abstrata, mediante a qual podemos contar uma pluralidade de coisas. Isso acentuaria o caráter de indistinção conceitual por parte dos pitagóricos e a possível Antiguidade da doutrina.

Ainda sobre o número e a cosmologia, Aristóteles nos apresenta também o par, o ímpar e o par-ímpar, sendo o último o foco central dessa teoria, posto que princípio de onde derivariam todos os números. Coincidentemente, referências sobre o par-ímpar já se encontram em alguns escritos de Filolau (470-390 a. C.), o principal filósofo pitagórico da segunda metade do século V, do qual se tem o maior número de fragmentos autênticos. Esse fato nos leva a crer que Aristóteles, dentre todas as informações que tenha consultado, deva ter tido também o acesso a seus escritos,[8] pois se verifica uma certa semelhança entre a exposição de algumas ideias.

Frag. 1, D.L. VIII, 85: A natureza do universo foi harmonizada a partir de ilimitados e de limitadores – não apenas o universo como um todo, mas também tudo o que existe nele.

Frag. 2, Estobeu, *Anth*. I, 21, 7a: Força é que as coisas que existem sejam, todas elas, ou limitadoras ou ilimitadas ou simultaneamente limitadoras e ilimitadas. Mas não podiam ser apenas ilimita-

---

7 Aristóteles, *Metafísica* (A 6, 987b 27-9).
8 Sobre a questão filolaica como fonte aristotélica, ver Burkert (1972, p.277-98).

das ... Portanto, uma vez que elas parecem não dever a sua existência nem às coisas que são todas limitadoras nem às que são todas ilimitadas, é evidente, por conseguinte, que tanto o universo como aquilo que nele existe foram harmonizados a partir simultaneamente dos limitadores e dos ilimitados...

Como se pode verificar, Filolau não parece esclarecer o porquê da importância de limitadores e ilimitados como conceitos básicos, tampouco a identidade do que ele entende por esses termos (Kirk et al., 1994, p.343). No entanto, é plausível supor o arcaísmo da ideia central dos textos, na medida em que o autor se refere ao "plural" de coisas, o que pode nos levar à ideia de par-ímpar como "uno", o princípio gerador, o primeiro resultado do conceito pitagórico basilar de harmonia. Vejamos, ainda, um outro fragmento:

Frag. 6, Estobeu, *Anth.*, 1, 21, 7d: As relações entre a natureza e harmonia são as seguintes: a essência das coisas, que é eterna, e a própria natureza, admitem, não o conhecimento humano e sim o divino. E o nosso conhecimento das coisas seria totalmente impossível, se não existissem suas essências, das quais formou-se o cosmos, seja das limitadas, seja das ilimitadas. Como, contudo, estes (dois) princípios não são iguais nem aparentados, teria sido impossível formar com eles um cosmos, sem a concorrência da harmonia, donde quer que tenha esta surgido. O igual e aparentado não exigem a harmonia, mas o que não é igual nem aparentado, e desigualmente ordenado, necessita ser unido por tal harmonia que possa ser contido num cosmos.

A grandeza da harmonia[9] (oitava 1:2) compreende a quarta (3:4) e a quinta (2:3). A quinta é maior do que a quarta por um tom (8:9). Pois da *"hypate"* (mi) até a *"mese"* (lá) há uma quarta; da *"mese"*

---

9 Na terminologia musical grega, *armonia* (ou *dia pason*) era também o nome para o intervalo de oitava, ou seja, a consonância entre a primeira e a última nota (ou corda), *syllabé* (ou *dia tessaron*) o intervalo de quarta; *di'oxeian* (ou *dia pente*), o intervalo de quinta; *hypate*, corda ou nota mais grave do tetracorde inferior à *mese*; *mese*, corda ou nota média entre os dois tetracordes unidos; *nete*, corda ou nota mais aguda dos dois tetracordes unidos; *trite*, terceira corda do tetracorde descendente, somente usado para os tetracordes superiores à *mese*, os tetracordes inferiores empregam a palavra *parhypate*. As indicações entre parênteses são a equivalência na notação moderna. Ver Lexique des termes musicaux de la Grèce antique (Chailley, 1979) e, também, Reinach (1975, p.7-69).

até a "*nete*" (mi), uma quinta; da "*nete*" até a "*trite*" (si), uma quarta; da "*trite*" até a "*hypate*", uma quinta. Entre "*trite*" (si) e "*mese*" (lá) há um tom. A quarta, contudo, está na relação de 3:4, a quinta de 2:3, a oitava 1:2. Portanto, a oitava é composta de cinco tons e dois semitons, a quinta de três tons e um semitom, a quarta de dois tons e um semitom.

No fragmento ora citado, Filolau apresenta a estreita associação entre harmonia-número-música, pois se o número é constitutivo do acorde musical, ele pode ser, por analogia, o constitutivo de todas as coisas. Partindo da natureza metafísica e abstrata da harmonia, nos diz que, graças a sua intervenção, os elementos (ou princípios) constitutivos do mundo – que ao início eram estruturalmente insuficientes porque contrários (limitado e ilimitado) – puderam formar o cosmos porque ordenados em apenas "um" princípio.

Portanto, se a harmonia pode ser verificada na música por meio do número, isto só pode ocorrer se o princípio do número tiver passado por um processo semelhante ao ocorrido com o cosmos, ou for análogo ou mesmo coparticipante deste último; dizendo de outra maneira, o princípio do número, o "par-ímpar", também era fruto da harmonização de elementos opostos.

Por conseguinte, se a existência das coisas e nosso conhecimento delas só são possíveis pelo fato de as essências terem sido harmonizadas, e o número, por meio da medição, é o que possibilita a verificação concreta da harmonia geral em escala particular, ele possui, em última instância, uma função epistemológica porque sua verdadeira natureza é o conhecimento:[10] "se o número adquire

---

10 O próprio Filolau atesta essa função epistemológica no frag. 4: Estobeu, *Anth.*, I, 21, 7b: "E o certo é que todas as coisas que se conhecem têm número; pois sem ele nada se pode pensar ou conhecer". Referindo-se ao frag. 6, Kirk et al. (1994, p.345) apresentam uma interpretação mais ampla sobre a visão filolaica do conhecimento, dizendo que "as reflexões céticas sobre o conhecimento humano nele contidas seguem a tradição representada por Xenófanes, Heráclito e Alcméon. Verdadeiramente original, contudo, é o sutil argumento de que o que podemos conhecer acerca do ser real das coisas (que – na senda dos Eleatas – Filolau considera sempiternas) é apenas, e tão somente, o seguinte: força é que ele seja capaz de fornecer as condições necessárias à existência das coisas temporais com as quais estamos relacionados".

uma função epistemológica, a harmonia equipara-se ao "uno" ontológico, e revela-se não apenas como um produto do número, mas também como sua fundação" (Lippman, 1975, p.14).

Como observa o mesmo Lippman (p.1-10), em sua origem, a palavra "harmonia" significava simplesmente algo como "ajustamento" ou "junção" e se referia ao encaixe de duas peças de madeira;[11] assim, o pré-requisito de sua concepção baseava-se na ideia de que duas coisas (ou duas entidades) fossem capazes de um ajustamento mútuo.

O autor acrescenta que a própria etimologia da palavra "harmonia" contém em si o vasto campo de aplicações e concepções do termo, pois o prefixo *ar* ou *har*, componente de muitos verbos indo-europeus, significa a unificação dos contrários ou elementos conflituosos ordenados em um todo. Como decorrência, esses verbos tinham, na Grécia antiga, um campo de extensão muito amplo que englobava não somente a *performance* musical e a afinação do instrumento, mas também um vínculo físico (corporal) e uma pacificação mental.

Contudo, essa visão dualista da harmonia, ou seja, como união dos opostos, já se encontra no próprio mito – Harmonia, de origem grega e filha de pais antagônicos (Ares e Afrodite), se casando com Cadmo, de origem bárbara, realizará na "conjunção dos opostos", a "harmonia dos opostos". Como decorrência, temos o fato de que a história da harmonia coincide, em parte, com a história dos elementos opostos e igualmente com a história do conceito de cosmos, pois posteriormente o termo harmonia, como mensuração e proporção, ficará restrito ao campo musical. Ademais, teria sido essa uma das razões pelas quais a música adquirira uma posição estratégica para os pitagóricos, na medida em que o termo "música" vai se transformando paulatinamente em um sinônimo de "harmonia".

Como já observamos, os pitagóricos concebiam o número e, consequentemente, as ciências matemáticas, de uma maneira diferente da nossa. Hoje, consideramos o número uma coleção de uni-

---

11 Cf. também Lohmann (1989, p.138): "em sua origem, os *armoniai* eram os estribos que ligavam as tábuas de uma jangada ou as pranchas de um navio".

dades, pois quando nos referimos a qualquer um deles, como o 3, trata-se do resultado de uma adição (1 + 1 + 1 = 3), ou seja, ele provém da repetição da unidade.

No entanto, no fragmento de Filolau ora citado, o número é oriundo da divisão da unidade (par-ímpar), pois esses não eram meras abstrações, mas sim constituintes da realidade, uma fundamental noção metafísica. Sua representação era feita de forma concreta – pelas figuras geométricas e pela disposição de pedras (ou pontos). Para os pitagóricos, o número não era abstraído de sua fisicalidade como no pensamento moderno.

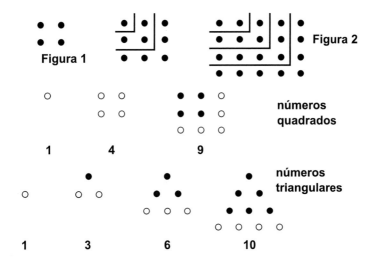

FIGURA 1 – Números figurados e gnômon.[12]

O testemunho mais antigo sobre esse tipo de representação foi conservado no *Theologoumena Arithmeticae* de Iâmblico, no qual o autor apresenta um resumo de uma obra que Espeusipo (407 - 339 a. C.), sobrinho de Platão, teria escrito sobre a aritmologia pitagórica:

---

12 As figuras apresentadas neste trabalho foram retiradas de Michels (1982), e de Reinach (1975).

Iâmblico, *Theolog. Arithm.*, ed. De Falco, 82, 10: No número 10 estão contidas todas as relações: igualdade, superioridade, inferioridade, superparcialidade, etc., assim como os números lineares, planos e cúbicos. Pois 1 é o ponto, 2 a linha, 3 o triângulo, 4 a pirâmide; todos esses números vêm primeiro e são os princípios das famílias numéricas às quais cada um dos seguintes pertencem. Ademais, a primeira de todas as progressões matemáticas, é aquela que se vê aqui: o número 10 é o último termo de uma progressão aritmética onde a diferença entre um termo e seu antecedente é igual.

Nas figuras planas e sólidas, os primeiros elementos são o ponto, a linha, o triângulo e a pirâmide: todo contém em si o número 10 e devem a ele sua perfeição.[13]

Portanto, "os números não são somas aritméticas, mas essencialmente figuras e grandezas: 1 é o ponto, 2 a linha, 3 o triângulo e 4 o quadrado; os números são os termos que definem as coisas, como os pontos determinam a figura" (Robin, 1973, p.81). Como figura, os números possuem uma personalidade que exprime as relações da parte e do todo no interior de uma harmonia. Ou, ainda, é necessário mostrar por uma construção como é a harmonia do limite e ilimitado, delimitando seus termos em um espaço indeterminado, porque um signo simbólico, como uma letra do alfabeto,[14] é insuficiente para representar o número.

Resumindo, o princípio do número é *uno* (par-ímpar) porque encerra em si todos os números e se eleva acima de todos os contrários. São princípios que se encontram em todos os seres da natureza, seres materiais e dotados de movimento. Se os princípios estão nas coisas, são inseparáveis delas. Mas se também são anteriores às coisas, são simultaneamente transcendentes e imanentes. Por conseguinte, os números são as coisas, porque as coisas são números; então, é indiferente estudar números ou coisas (Brun, 1991, p.31).

O fator capital dessa construção figurada dos números se chama *gnômon*, ou seja, um esquadro que possui um ângulo reto, pelo

---

13 Sobre esse fragmento, ver Tannery (1930, p.381-405 – Apêndice II, *Sur l'arithmétique pythagoricienne*) e Kucharski (1952, p.18-26).
14 Cf. Radice (1985, p.9-19), e Taton (1994, p.335-6).

qual os números e, consequentemente, as coisas se definem materialmente, formando grupos homogêneos e tornando-se, assim, cognoscíveis.

Quando se coloca o esquadro ao redor da unidade figurada por um ponto (Figura 1), três pontos o contornarão; se deslocarmos o esquadro ao redor dessa última figura formada, serão necessários cinco pontos para figurá-la. Desse modo, tomando-se por base a unidade, deve-se deslocar o esquadro em direção a um número de pontos que corresponde à série dos números ímpares, 3, 5 etc. A figura obtida pelo deslocamento do esquadro será sempre a mesma, um quadrado, de maneira que os números obtidos levarão o mesmo nome: 4, 9, 16 etc. No entanto, o quadrado está ao lado do ímpar, e este, por sua vez, ao lado do limite, porque a sequência dos números ímpar forma figuras cuja limitação é perfeita.

De modo contrário (Figura 2), a figura será totalmente diversa, se no lugar de posicionarmos o gnômon ao redor de uma unidade, o colocarmos ao redor de duas: a figura que se forma é composta por quatro pontos, e seriam necessários seis pontos para enquadrá-la. A sequência é constituída pela série dos números pares: 4, 6, 8 etc.[15]

Assim, se para os pitagóricos a aritmologia geométrica é o que permite a verificação da harmonia em um plano espacial, a música é exatamente essa mesma verificação em um plano sonoro: pela harmonia sensível, produzida pela vibração das cordas dos instrumentos, pode-se constatar e reconhecer a harmonia inteligível, aquela que consiste nos números.

Vejamos agora como as questões levantadas nos capítulos anteriores podem ser inseridas nesse contexto.

Primeiramente, a harmonia é um conceito abstrato de grande amplitude, que não envolve necessariamente uma demonstração concreta, diferentemente do que se viu com os pitagóricos. Para estes, ela possui uma dupla função: como conceito geral é responsável pela organização do universo como um *kósmos* e pela origem dos números, sem os quais "o conhecimento das coisas seria totalmente impossível". Também o conceito de *lógos* heraclítico tem

---

15 Cf. Robin (1973, p.81-2); Taton (1994, p.227-30).

uma semelhança com o conceito de cosmos pitagórico, pois Heráclito identificara o cosmos como "lei universal", idêntica ao *lógos* – aqui compreendido como "medida, cálculo ou proporção".

Sendo assim, se a mesma identificação "cosmos-*lógos*" já estiver implícita ou mesmo latente para os pitagóricos – pois remonta a estes a primeira descrição do universo como "ordem", e neste sentido "cosmos-medida" –, o número, oriundo da mesma harmonia que originou o cosmos, traria em si uma capacidade epistemológica porque também coparticipante deste caráter do *lógos*. Dizendo de outra maneira, o número, como ferramenta da mensuração, é o que possibilita a verificação da "medida" (geral, abstrata) em um espaço determinado (particular, concreto). Acrescenta-se ainda, nessa perspectiva, sua própria representação figurativa.

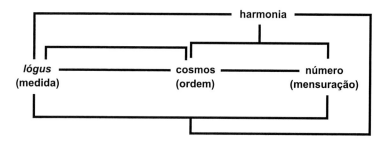

FIGURA 2

A demonstração da harmonia do cosmos não se restringe a essa verificação espacial, mas inclui a verificação auditiva. Uma vez que, em um sentido amplo, os conceitos de cosmos e *lógos* estariam tão entrelaçados que poderiam ser vistos como sinônimos, tanto o entendimento do *lógos* quanto o da harmonia cósmica requereriam uma predisposição de escuta. Não seria esse o prelúdio dos futuros caminhos da ciência e da arte?

Por tal razão, Filolau, no fragmento ora citado, complementou a primeira parte de seu pensamento com uma descrição musical, na qual se reporta ao modo dórico do gênero diatônico:[16] a compreensão da harmonia do cosmos (geral) solicita um reconhecimento pela audição (na música, particular), ou ainda, a "medida" do *lógos* (geral) teria que ser verificada pela visão, mas também pela audição (ambos particulares), para que o entendimento deste último (ou de ambos, cosmos e *lógos*) ocorresse como totalidade. Uma vez mais reaparecem os imperativos da *mousiké*.

Filolau relata que a harmonia, que nesse caso se refere diretamente à oitava e indiretamente à harmonia do cosmos, é formada pelos intervalos de quarta e quinta (respectivamente 4/3 x 3/2 = 2/1). Essas três relações são fundamentais porque explicam os acordes harmônicos principais, mas sobretudo porque nessas relações se encontram os quatro primeiros números naturais, que, quando somados (1+2+3+4=10), formam a tétrade (ou década).

Segundo Delatte (1974, p.249-68), o emprego e a origem da palavra tétrade são exclusivamente pitagóricos, mas seu significado original perdeu-se em meio a explicações heteróclitas. De modo geral, esse termo é definido como um conjunto de quatro coisas, mas, de maneira mais frequente, indica um conjunto de quatro números.

Entretanto, o autor observa que o número 10, comumente identificado com a tétrade, constitui o produto da soma dos quatro primeiros números, e a palavra *tetrás*, que deveria referir-se exclusivamente ao número 4, é frequentemente empregada para representar o conjunto dos quatro primeiros números; esta aparente discrepância se justificaria por dois motivos: a) na aritmologia pitagórica, o 10 é considerado o número mais perfeito de todos porque a partir da primeira dezena, podem-se formar todos os números e b) como o 10 é o número produzido pela soma de 1, 2, 3 e 4,

---

16 Chailley, (1979, p.107-8): "O sistema musical grego tinha como elemento base o tetracorde, conjunto de 4 notas, cujos dois sons extremos de cada tetracorde, que são invariavelmente um intervalo de quarta justa, são chamados de *sons fixos*. A variação dos intervalos das notas intermediárias do tetracorde, denominadas *sons móveis*, é o que determina o *gênero*. No gênero *diatônico*, a sequência dos intervalos do tetracorde, do agudo ao grave, é: tom, tom, semitom (1,1, ½); no gênero *cromático*, 1 tom e meio, semitom, semitom (1½, ½, ½); no gênero *enarmônico* 2 tons, quarto de tom, quarto de tom (2, ¼, ¼)".

o conjunto desses números, chamado tétrade, aparece como gerador da década e, por meio dela, todos os demais números.

Em testemunhos bem posteriores ao primeiro pitagorismo (aproximadamente no século II d. C.), encontram-se ainda referências sobre a doutrina da tétrade em escritos que se reportam à explicação da aritmética e da arte musical pitagórica. Téo de Esmirna, na obra "Exposição dos conhecimentos matemáticos úteis para a leitura de Platão", apresenta informações abundantes e descreve onze tipos de tétrade diferentes (Kucharski, 1952, p.31-9).

A primeira, que é constituída pela adição dos quatro primeiros números, é a mais importante pelo fato de estar estreitamente ligada à música, ou seja, todas as consonâncias estão contidas nela. Era a tétrade capital porque parece conter toda a natureza do universo.

A segunda apresenta duas progressões geométricas – de quatro termos cada uma – constituída pela multiplicação dos números pares e ímpares (1, 2, 4 e 8 e 1, 3, 9 e 27). Esses dois quartetos "encerram as relações musicais, geométricas e aritméticas, do qual se compõe a harmonia do universo". A terceira abraça, segundo a mesma progressão, a natureza de toda grandeza. Seus números produzem o ponto, a linha, o comprimento (ou superfície) e o sólido. A mesma relação se encontra no fragmento de Espeusipo.

A quarta e a quinta são corpos simples, da mesma forma que as figuras que correspondem a elas. A sexta e a oitava são da maior importância. A sexta corresponde às coisas engendradas e à sua geração, "a semente corresponde à unidade e ao ponto, o crescimento em extensão à díade e à linha, a largura à tríade e à superfície, e o crescimento em densidade à tétrade e ao sólido". A oitava, qualificada de *noeté*, corresponde às faculdades cognitivas.[17]

Assim, essa breve explicação sobre a *tétrade*, apesar de bem posterior, vem justificar de outro modo a explicação musical apresentada por Filolau. Tomando-se por base o 10, um número em certa medida "sagrado" para os pitagóricos, encontram-se as razões numéricas dos intervalos musicais.

---

17 As citações entre aspas referem-se à obra de Téo de Esmirna citadas por Kucharski (1952).

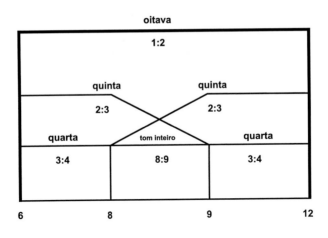

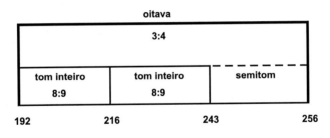

FIGURA 3 – Proporção numérica da antiga teoria dos intervalos.

O primeiro quadro demonstra o grau de parentesco dos intervalos, que são determinados em correspondência com as proporções do número de suas vibrações. Nessa perspectiva, a simplicidade da proporção é considerada como critério do grau de consonância (oitava 1:2, quinta 2:3, quarta 3:4). Essas proporções são representáveis mediante os algarismos 6, 8, 9 e 12, com as quais se compõem dentro de uma oitava as duas quintas, duas quartas e um tom inteiro com 8:9. Os outros intervalos derivam dos três primeiros. O segundo quadro refere-se à divisão da quarta.

Sem sombra de dúvidas, os primeiros pitagóricos – ou até mesmo o próprio Pitágoras – tentaram encontrar relações consonantes entre as estruturas macroscópica (mundo) e microscópica (homem), e, portanto, desenvolveram o pensamento como uma "harmonia cósmica" ou "harmonia das esferas". A sugestionabilidade do fenômeno acústico – que ao fim e ao cabo é a ele que os pitagóricos se reportam e não propriamente à composição ou execução musical – era muito grande: como em uma disposição de pontos, as cordas apresentam números como prolongamentos. Assim, eles conseguem identificar as propriedades numéricas tanto de maneira audível como visível e tangível. Entretanto, o mais importante está na descoberta das consonâncias e, consequentemente, nas proporções numéricas, que não residem apenas nas relações de comprimentos. Cordas com diferentes tensões ou qualidades físicas também contêm harmonia, sugerindo assim que o número é a essência da realidade, mesmo quando imperceptível (Lippman, 1975, p.8).

Daí, o fato de o conjunto de explicações sobre harmonia, número e música deixar frequentemente transparecer uma indistinção de fundo ontológico. Sendo os três domínios indissociáveis, o que se pensa, se ouve ou se vê, nesse contexto, nada mais é do que a verificação e constatação de um princípio universal que subsume toda a particularidade, ou seja, trata-se de uma *arché*.

Ademais, a especulação pitagórica em torno da música apresenta algumas características específicas. Por um lado, ela vem reforçar um fato recorrente na Antiguidade, que é o entendimento da música como campo de estudos no qual se mesclam filosofia, educação, matemática, estética, metafísica, religião, enfim, todo o âmbito do conceito de *mousiké*. Como *mousiké*, é primeiramente *sentido* e, como tal, ela não significa: é *pan*, é *ouvir o lógos* em toda sua abrangência. Aquelas disciplinas, ao contrário, já se encaminham para o campo das representações e das técnicas. Assim, a descoberta das razões numéricas, da mensurabilidade, abre espaço para a filosofia do discurso, para o universo do significado, lugar onde os sons foram sequestrados em ideias e destas passaram a ser apenas variantes codificadas.

E é sob essas duas visões – a primeira tendendo para a metafísica e a outra, mais voltada para a concretude dos fatos, musical – que a teoria musical e a estética foram pensadas e construídas até meados do século XVIII.

Semelhantemente ao que aconteceu na indagação filosófica, a questão do sentido, que é a questão do fundamento da *mousiké*, acabou sendo esquecida por alguns séculos, até se operar a revolução nos meados do século XX, o que será apontado a seguir. Como se vê, o esquecimento da *mousiké* foi menos grave do que aquele que Heidegger costuma apontar sob o título de *"esquecimento do ser"*. Este se operara desde o fim da era pré-socrática. A *mousiké* sobreviveu por muito mais tempo.

5 DESDE QUE TENHAMOS A COISA DIANTE DOS OLHOS...

Desde que tenhamos a coisa diante dos olhos e que nosso coração esteja à escuta, inclinado ao verbo, o pensamento se consagra.

(Heidegger, *A experiência do pensamento*)

O término de um percurso significa abrir outros caminhos. No que se refere a este, muitas portas foram abertas, pois procurar é também encontrar o que não se procurava, como demonstra Heidegger.

Tomamos como ponto de partida um fato da historiografia musical e nele detectamos um problema duplo. Primeiro, a afirmação de que nos primórdios da teorização musical a percepção do fenômeno sonoro não havia sido o ponto de partida para sua construção, e sim uma forma lógica do entendimento; segundo, as justificativas apresentadas por essa mesma historiografia, que, por se pautarem em uma metodologia progressista, acabam desconsiderando todas as particularidades com as quais esse fato aparecera e, por conseguinte, mostra sua completa insuficiência.

O que nos levou a a essa crítica foi, por um lado, o fato de que até o século XVII-XVIII os tratados de teoria não se restringiam a questões de ordem técnica, pois apresentavam uma variada gama de tópicos, tais como a filosofia, a ciência e a educação; mostrou-se plausível, portanto, supor que também esses assuntos atravessavam as questões do fundamento musical, diferenciando-o, especificando-o, constituindo seu objeto completo e real. Por outro, as abordagens técnicas padeciam em explicações obscuras por se reduzirem a cumprimentos mecanicistas, não levando em conta a natureza totalizadora e pedagógica da música.

Escolhemos como palco os primórdios da teorização musical – Pitágoras e seus seguidores – e adotamos como método a *nova teoria musical*, que, apesar da ironia do título, engloba conceitos e métodos renovadores.

Quanto mais adentrávamos no mundo grego e em seu universo musical, mais discrepante nos parecia tal abordagem meramente preceitiva, que associa gestos a sons por memorização e conduta. Como podemos verificar na introdução deste trabalho (o verbete da Enciclopédia da *Plêiade*), tal procedimento de abordagem apresenta os seguintes problemas:

- A construção do discurso mimetiza a prosa literária;
- Não contextualiza Pitágoras (nem mesmo o pitagorismo) com autores e escolas contemporâneos;
- Não fornece referências ou fontes antigas das quais provenham as informações musicais apresentadas;
- Tem explicações incompletas, mesmo no que tange aos procedimentos técnicos;
- Destaca questões que, em momento algum, não foram sequer mencionadas. No final do verbete, por exemplo, fala-se da "sobrevivência" da tétrade pitagórica, mas sem nenhuma explicação do que seja a tétrade, pelo menos explicitamente;
- Considera a Antiguidade como um período homogêneo, pois não aponta que entre Pitágoras e Aristóxeno há um distanciamento de quase duzentos anos. Aristóxeno é um autor do século IV a. C., que, por ter sido aluno de Aristóteles, incorpora – de uma maneira ou de outra – questões advindas de seu mestre.

Também o verbete não propõe nenhuma diferenciação entre Pitágoras e o pitagorismo, nem entre este último e o(s) pitagorismo(s) posterior(es);

- De acordo com seu caráter progressista, vê o universo musical do grego como "estágio primitivo" ultrapassado, pois glorifica a evolução da arte musical em face do desmoronamento do saber antigo;
- Acentua, sobretudo, o misticismo, em sua desinformada resenha das doutrinas de Pitágoras (ou dos pitagóricos).

Ao final da leitura do verbete da Enciclopédia, não conseguimos reter muitos dados concretos. Ademais, se não tivermos outras informações sobre história, seja ela específica da música ou de outras áreas, ficaremos com a impressão de que realmente a doutrina pitagórica não passa de uma "fantasmagoria cosmológica".

Se compararmos o verbete com os dados levantados, constataremos diferenças gritantes: primeiro, que o mundo visto pelos olhos dos gregos não se apresenta de forma atomizada – sua perspectiva, ao contrário, é orgânica, pois nela todas as partes somam um todo; segundo, a música não é uma área do conhecimento separada das demais – ao contrário, ela ocupa lugar capital em toda *paideia* grega; terceiro, a música é sempre compreendida em dois registros, o filosófico ou metafísico (geral) e o sonoro ou concreto (particular).

Por esses motivos, a construção da teoria musical dos gregos não foi pensada apenas da óptica formal ou técnica, por não ter em mira apenas o entendimento daquilo que se escuta. Ela é uma parte da *mousiké*, um conceito matricial que engloba tudo o que envolve uma presença sonora – o canto, as palavras, as danças, a matemática e seus derivados –, pois, em um sentido amplo, equipara-se por *identidade* ao conceito de *lógos* o conceito uno e universal que fornece as condições da organização do mundo.

Mas se a *mousiké* é considerada possuidora de um poder intrínseco que regula e ordena o universo, tal só ocorre porque ela também não apenas se equipara ao *lógos*, mas ainda aos conceitos de cosmos e harmonia. Em razão do seu poder encantatório – pois é Musa –, domina o mundo e a vida, porém pode ser dominada e utilizada pelo homem, como música.

Como conceito regulador, preside à formação do homem grego em todos os aspectos, pois dela se derivam todos os domínios importantes: nesse sentido, os sons, as palavras e os números são naturezas intercambiáveis.

Sendo também palavra, a *mousiké* tem duplo poder: evocador e sempre invocador; sendo razão, é o elemento ordenador das tendências incontroláveis do impulso musical; como som mostra seu controle da razão, pode revelar sua verdade, embora seja, antes de qualquer coisa, *sentido*: *ouvir o lógos*.

No entanto, não é apenas à palavra que concerne o postulado de racionalização dos aspectos musicais do espírito, mas também o sistema inteiro dos sentidos e das faculdades relativas à atividade musical do homem, tal como o ouvido. Aqui também, é indispensável estar sob o plano da medida justa.

Da mesma forma, se o canto e o movimento do corpo são as manifestações primárias da música do homem, será possível considerar os instrumentos como meio de apoio e prolongação da experiência melódica: eles constituem, assim como os dois primeiros, um certo grau de objetivação.

Se o pensamento musical do grego conserva uma conexão metafísica em que se implica a imitação, a *mousiké*, portanto, reproduz a unidade do *lógos* e adquire um caráter cognitivo que possibilita um constructo lógico do mundo. Assim, o que se vê, se ouve, se sente ou se pensa é também *uno*, o cosmos (medida)–*lógos* (lei) harmonizado e objetivado na *mousiké*.

O canto, a dança, a ginástica, a palavra e as *mathémata* são lados de uma coisa una que se revela sempre como um processo dinâmico. Daí a dificuldade de compreensão quando nos restringimos a um método que privilegia apenas um ou dois aspectos do conjunto.

Assim, pode-se dizer que a "teoria musical como técnica" restringiu-se à observação da *harmoniké*, vale dizer, mera parte do complexo musical do grego, desconsiderando, entre outras coisas, que a metafísica da harmonia era parte de seu próprio objetivo. A música, por conseguinte, vê perdido seu caráter corporal e intelectual simultâneo, confinando-se a uma cartilha de sons que, em última instância, só promove questões subjetivas.

Em um sentido amplo, a *mousiké* equivale a conceitos do mesmo patamar de *lógos*, cosmos e harmonia; em um sentido estrito, refere-se à organização gramatical de uma linguagem. Ora, a música dos gregos não era apenas entretenimento ou fruição estética – dada sua polimorfia, ela era ao mesmo tempo um discurso mágico, cosmológico e metafísico, e estes são os caracteres que configuram o princípio universal.

Seria possível encontrarmos alhures um análogo da *mousiké*? Ou "a única coisa que sobreviveu ao desmoronamento do saber antigo" teria sido mesmo a sagrada tétrade pitagórica?

É assim que interrompemos nosso percurso pelo mundo grego e convidamos o leitor para qualquer uma dessas portas que deixamos abertas, para que, como num "túnel do tempo", nos transportemos de volta à contemporaneidade.

HÁ CERTOS PENSAMENTOS MAIS FORTES QUE NÓS[1]

O salto para o século XX não tem como objetivo uma exposição detalhada de toda produção musical desse período, tampouco visa oferecer novo catálogo de obras e compositores. Além do mais, a denominação "música contemporânea" engloba uma diversidade tão grande de tendências que adentrar por uma análise minuciosa sobre cada tópico abriria espaços que ultrapassam os limites desta obra. Seguindo alguns apontamentos de caráter mais amplo, aspectos importantes serão destacados e, dentro desse quadro, em particular, dois compositores serão evocados, pois, apesar do distanciamento histórico, representam bem a hipótese defendida até agora: Alexander Scriabin e John Cage.

O que nos levou a essa aproximação entre períodos aparentemente tão distintos foi a verificação de que uma parte dos escritos teóricos, dos métodos composicionais e da prática musical desse século retoma – em certa medida e em um outro contexto – tanto a ambiência dos tratados musicais anteriores ao século XVII como o entendimento do conceito grego de *mousiké*.

---

1 Filolau (frag. 16, in Eudemo, *Ética*, B 8, 1225 a 30).

Assim, sugerir uma reconsideração desses aspectos não significa propor uma revivescência do pitagorismo, das particularidades do universo grego ou de qualquer filosofia totalizadora, de uma *arché*. Pretender uma transposição imediata é incorrer em uma ingenuidade sem precedentes.

Há que se considerar, entretanto, que algumas características desse conceito e dessa ambiência anteriores reaparecem – sob uma nova roupagem – na produção musical do século XX. Como exemplos, podemos citar a dupla articulação geral/particular, a polimorfia, a amplitude do que se considera "sonoro" e "musical" (em todas as suas dimensões e manifestações), a abordagem filosófica e cognitiva, a reincorporação das variadas atividades simultâneas, o uso de arcabouços teóricos não musicais como base para a construção da teoria musical e o resgate do som como *sentido*.

Apesar de podermos encontrar muitas dessas características noutros momentos da historiografia da música, o século XX apresenta como particularidade o fechamento do ciclo do sistema tonal, sistema que por quase meio milênio – de meados do Renascimento (ou mesmo antes) até o fim do século XIX – prevaleceu como modelo exclusivo para o pensamento musical.[2]

Como é sabido, o século XIX – sobretudo suas últimas décadas – caracterizou-se pelo ocaso de sistemas sedimentados. Esse fato, que colocou em xeque paradigmas estéticos, perceptivos e formais conhecidos (e portanto aceitos), desdobrou-se por todas as áreas do conhecimento, aportando transformações irreversíveis.

No que se refere à música, observou-se a queda de fórmulas que se encontravam em seu limite de saturação, pois não tinham forças para reagir à própria crise. Assim, a ruptura com a tonalidade e com as formas, a liberação da dissonância (e mesmo a abolição do critério consonância-dissonância), o emprego de tonalidades diversas justapostas e da polirritmia, a infiltração oriental e o uso de escalas não temperadas, a absorção do ruído, da improvisação e do aleatório, o advento da música eletroacústica, a inserção

---

2 Cabe apontar que, nesse contexto, o termo "fechamento" não significa extinção, mas sim o fato de esse sistema não ser mais o único possível. Ademais, inúmeros compositores ainda se utilizam desse sistema composicional. Cf. Iazzetta (1993, p.14-40), Griffiths (1987), e New Oxford (1975, p.10).

de materiais extramusicais e todo tipo de experimentação começam a se instalar, configurando, gradativamente, experiências e paisagens musicais diferenciadas.

Nessa perspectiva, pode-se dizer que a introdução gradativa desses elementos fez que a música voltasse a ser compreendida (menos veladamente) como uma complexa rede de relações com características bem diferentes: intrínsecas, internas, sociológicas, estéticas, psicológicas, antropológicas, pedagógicas etc. Como aponta Jean Molino (s. d., p.114), "o fato musical aparece, sempre, não apenas ligado mas estreitamente misturado com o conjunto de fatos humanos... Não há, pois, uma música, mas músicas. Não há a música, mas um fato musical. Este fato musical é um fato social total...". Dizendo de outra maneira, pode-se abordar a música como uma entidade fechada em si mesma ou como uma unidade formada por relações especiais, podendo-se analisá-la de um modo relativamente *independente* de seu contexto, não importando aqui qual seja esse contexto (Padilla, 1996, p.119).

Portanto, se o estudo da música reassume abertamente esse diálogo social e cultural amplo, pode-se dizer que *filosofia da música* seria a designação mais acurada para englobar a diversidade do que se considera hoje como pensamento musical (Lippman, 1994, p.352). Tanto Lippman como Lewis Rowell partilham desse mesmo ponto de vista; Rowell (1983, p.6) postula ainda que "a música é um objeto filosófico legítimo e o pensamento sobre a música tem um lugar apropriado entre as disciplinas investigativas".

Como consequência, surge o crescimento gradativo de modelos pluralistas de pesquisa, análise e produção,[3] fato que inaugura e, ao mesmo tempo, reintegra procedimentos que, por circunstâncias históricas diversas, foram banidos ou mesmo minimizados do pensamento musical.

---

3 Observe-se que esses modelos pluralistas se chocam com os modelos anteriores, pois, cientes das diversidades musicais, não postulam como objetivo a homogeneização, porque o que se apresenta nesse século são "pensamentos musicais". Como exemplo, Lippman (1993, p.351 ss.) assinala no campo da filosofia da música três grandes linhas predominantes: a hermenêutica (Dilthey e Gadamer), o simbolismo (Cassirer) e a semiótica (Peirce e Saussure).

Dentre esses procedimentos, Rowell (1983, p.219-21) assinala a queda do modelo musical *standard* do século XIX – "o compositor prescreve, o artista executa (ou interpreta) e o ouvinte percebe" – e o intercâmbio de papéis que se instaura nessa tríade. O *compositor como intérprete* volta a restabelecer uma prática usual nos séculos XVII-XVIII, pois era relativamente comum nessa época a concentração dessas duas funções em uma só pessoa; a composição eletroacústica, por exemplo, elimina por completo essa dicotomia criada no período romântico.

Em outros casos, o próprio compositor assume diferentes posturas – seja como diretor, colaborador ou ator – por causa de uma flexibilidade do texto musical ou mesmo por esse não requerer nenhuma habilidade específica, deixando os critérios de execução para serem decididos durante a *performance*.

De maneira análoga, o *intérprete como compositor* também retoma uma prática usual da música barroca e, mais recentemente, no *jazz*. Em ambos os casos, mantém-se uma tradição de improvisação na qual o intérprete é frequentemente convidado a compor de modo espontâneo.

Em várias culturas musicais não ocidentais e mesmo na música de câmara amadora, o *espectador como intérprete* são funções inseparáveis. A ideia de uma audiência passiva é novamente uma herança do século XIX. Mesmo em épocas bem anteriores, a tradição coral da música sacra, a dança final do *ballet de cour*, os cantores de madrigais ingleses e mesmo outros tipos de música que requerem uma participação mais ativa do espectador colocam em evidência esse desempenho. Mais recentemente, algumas composições envolvem intimamente o espectador no processo musical, atribuindo-lhe ativa participação e mesmo deixando o desenvolvimento da *performance* a cargo deste.

Por fim, o *espectador como compositor* encontra seu ponto alto em obras nas quais fica a cargo público a sua concretização. Os estímulos são lançados por parte do executante, e é o material sonoro produzido pelas reações possíveis do público, sejam essas reações de desconforto, expectativa ou aceitação, que compõe sua realização.

Esse intercâmbio de papéis mostra-nos claramente que as separações impostas no fazer e pensar musical foram, por muito tempo, criações artificiais. No entanto, vejamos a seguir de que maneira Scriabin e Cage resgataram procedimentos inerentes à *mousiké*.

Alexander Scriabin (1872-1915) pertence àquela linhagem de compositores que não se filiaram diretamente a nenhuma tradição anterior, nem ao menos deixaram sucessores imediatos. Agregando contradições, Scriabin aliou sua fantástica concepção de mundo com o desenvolvimento de uma estrutura composicional bastante inovadora para sua época.

Nascido na Rússia em meio a uma efervescência cultural que relembra a do Renascimento italiano, desde muito cedo começou seus estudos musicais, tendo tido como colega no Conservatório de Moscou ninguém menos que Rachmaninoff. Pianista talentoso, ao mesmo tempo em que começa a dedicar-se à composição, passa a se interessar por filosofia, tendo tido contato com vários sistemas, sem, no entanto, aprofundar-se em nenhum deles. Após ler Schelling, Schopenhauer e Platão, decide-se pela criação de um sistema próprio.

A ideia wagneriana de "obra de arte total" chamou-lhe a atenção por vir ao encontro de suas especulações iniciais, pois, assim como Wagner, Scriabin era incapaz de considerar a música como "música pura", apenas referencializada nela mesma.

Seu *corpus* composicional pode ser dividido em duas fases bastante distintas. Na primeira, uma influência acentuadamente romântica, sobretudo chopiniana; mas é na segunda fase, especialmente com seu *Prometheus*, que Scriabin irá apresentar pela primeira vez o gérmen do que será posteriormente denominado *espetáculo multimídia*.

Prometheus, o poema do fogo, sua última sinfonia, é uma das obras mais arrojadas do compositor, pois, além do aparato orquestral tradicional (orquestra, coro e piano), traz ainda uma "*tastiera per luce*", um teclado de luzes que projeta cores predeterminadas em sincronia com a música. Nessa obra, o piano perde o caráter solista e atua como integrante da massa orquestral. O coro, vestindo uma túnica branca, tem uma pequena – mas significativa – participação no final da obra. Consta ainda da partitura original uma pauta suplementar denominada "*luce*", na qual estão escritas as notas musicais que correspondem às cores estipuladas pelo autor.

Essa correspondência entre sons e cores pretendida por Scriabin não era, exatamente, um assunto novo, pois, tanto no simbolismo francês como na própria história da música, esse tema já fora colocado em discussão. Para o autor, essa correspondência deveria ocorrer de forma sinestésica, sugerindo uma audição colorida da obra. Assim, ele parte de uma escala de cores arbitrária e pessoal, associando as cores escolhidas com as notas fundamentais das inversões de seu acorde sintético, e, dessa maneira, a pauta "*luce*" acompanha fielmente a sucessão harmônica da obra, inundando a sala de concerto de luzes.

O acorde sintético é um acorde hexafônico composto de uma sobreposição de quartas perfeitas, aumentadas e diminutas: dó – fá# – si b – mi – lá – ré. Esse acorde, que será utilizado de forma contínua durante a composição, além de servir como base unificadora, será o propulsor do discurso musical. A partir dele, serão deduzidos os elementos constitutivos da obra, pois o mesmo pode ser construído sobre qualquer uma das notas que compõem a escala cromática, não se restringindo o uso deste à base harmônica (ou nota fundamental) escolhida inicialmente. Algumas características desse acorde são: deriva-se de um conceito harmônico apriorístico; como núcleo gerador, é dissonante; propõe uma nova escalística; compreende variadas harmonia e resoluções, pois as noções de consonância/dissonância são ampliadas tanto quanto as variadas possibilidades combinatórias, dirigindo-se para alvos distintos, não mais centrados em um único ponto de apoio.

Dentre os aspectos levantados sobre *Prometheus*, a dissonância do acorde sintético e a inserção do teclado de luzes parecem ser os pontos mais interessantes. Primeiro, podemos dizer que a dissonância, que permanece nas inúmeras inversões desse acorde,[4] já atua aqui como o prenúncio da inserção do ruído como elemento composicional. Até então, dissonâncias eram indesejáveis e evita-

---

4 Observe-se que essa dissonância não se restringe apenas à sua composição fundamental. Se transpusermos simetricamente esse acorde sob os doze graus da escala cromática, observaremos que nas combinações 1-7, 2-8, 3-9 e 4-10 existem sempre quatro notas em comum e duas notas diferentes. Estas últimas estabelecem o trítono (intervalo composto de três tons inteiros), que passa a ser o eixo central.

das porque consideradas "não musicais", ou melhor, não se encaixavam nos padrões estéticos vigentes, nem mesmo nos do sistema até então estabelecido, a tonalidade.

Com isso, não se pretende dizer que a composição desse acorde esteja totalmente fora do campo tonal, mas o fato de sua resolução não se restringir apenas a um ponto centralizado e por suas possibilidades de combinação manterem sempre um intervalo "dissonante" como eixo, observa-se aí uma nítida tentativa de expansão do campo sonoro. A previsibilidade da díade tensão-repouso – tão cara ao classicismo e ao romantismo – começa a ser banida, pois o que se apresenta a partir de então é um alargamento da tensão e o repouso, que, se de início torna-se imprevisível, será posteriormente inexistente. Aliás, *Vers la Flamme*, a última obra composta por Scriabin, é um excelente exemplo. Poeticamente falando, o que se ouve são deslocamentos de blocos sonoros *qui ne mènent nulle part* (Heidegger).

Por seu turno, com o teclado de luzes observa-se a reinserção da simultaneidade de atividades diversas, do elemento teatral. Ademais, a junção de acordes que não se remetem a pontos centrais e as luzes que inundam a sala de concerto deslocam o foco central, seja este da tonalidade ou mesmo do palco, para inúmeros outros pontos. A dicotomia intérprete-espectador é atenuada, pois ambos são convidados para entrar no interior da obra. A multiplicidade de ocorrências faz que a *performance* ultrapasse juízos e gostos pessoais, tornando-se *performance* do próprio lugar. Executantes e espectadores são continuamente banhados por uma profusão de impulsos rítmicos, timbrísticos e visuais simultâneos, estímulos audíveis ou não. Como a neutralidade é banida, é a música como espetáculo que impõe a dinâmica.

"Música é sons, sons à nossa volta, quer estejamos dentro ou fora de salas de concertos." Essa definição de John Cage (1912-1992), enviada a Murray Schafer (1991, p.120) por solicitação deste, reflete bem a ideia de paisagem sonora[5] que gradativamente se instaura no ambiente musical desse século.

---

5 Cf. Schafer (1991, p.13): "Uso a palavra *soundscape* [traduzida para o português como "paisagem sonora"] para referir-me ao ambiente acústico".

Músico no sentido mais amplo da palavra, Cage foi um artista de múltiplas facetas, cuja produção bastante complexa abarca não só a pesquisa e invenção sonora, como as correntes artísticas do pós-guerra, o *happening*, a *performance* e as instalações multimídias. Admirador da obra de Duchamp, declarou inúmeras vezes que a influência de outras áreas para a sua criação era mais interessante do que as da sua própria.

> Antes tínhamos barreiras entre as artes, e se podia então dizer que a melhor crítica de um poema é um poema. Agora, temos uma tão maravilhosa destruição de barreiras que a crítica de um *happening* poderia ser uma peça musical ou um experimento científico, ou uma viagem ao Japão ou também uma ida ao supermercado local (Kostelanetz, 1973, p.55-6).

Avesso a qualquer estética que pressuponha julgamentos de valor, desde muito cedo, Cage incorporou em suas composições todo o aparato – tecnológico ou não – que possibilitasse a transformação do campo sonoro até então conhecido. A inserção de "corpos estrangeiros" (parafusos, madeira, plásticos, entre outros) na chapa harmônica do piano, por exemplo, fez que este instrumento – símbolo máximo da expressão romântica – perdesse seu caráter homogêneo de "temperamento". Assim, uma gama de sons desconhecidos rompe com a hierarquização e um certo grau de imprevisibilidade se instaura no resultado sonoro. Também *Imaginary Landscape n° 4* – para doze rádios e 24 participantes – trabalha com o acaso, pois as alterações de volume e amplitude das ondas, que dependem totalmente da hora e lugar de realização, condicionam o resultado.

> No passado, a polêmica girava ao redor da dissonância ou consonância, mas no imediato futuro, girará em torno do ruído e dos chamados sons musicais. Os métodos atuais de escrever música, sobretudo os que utilizam a harmonia em sua referência a questões particulares no campo do som, resultarão inadequados para o compositor que se enfrente com todo o campo do som. (Kostelanetz, 1973, p.68)
> Compor música com os meios radiofônicos me tornou capaz de aceitar não apenas os sons do ambiente, mas igualmente aqueles da televisão, do rádio e a Muzak, que se impõem praticamente por todos os lugares e de modo constante. Antes, eles representavam obje-

tos de irritação. Agora, eles estão sempre tão presentes, mas fui eu que mudei. (Bosseur, 1993, p.30)

No entanto, Cage não considera apenas as variedades sonoras como elementos constitutivos da composição, mas ainda o silêncio. Uma de suas obras mais radicais, *4'33"*, abala totalmente qualquer tipo de pensamento estrutural preestabelecido, porque apresenta como condição *sine qua non* de realização o indeterminado: o silêncio do "intérprete" (qualquer instrumentista) estimula sensações de desagrado, expectativa ou aceitação no público, que, se manifestando aleatoriamente, compõe e realiza a peça. Paradoxalmente, é a ressonância do silêncio que reintegra o aspecto natural do som: o ranger da madeira, as tosses, os murmúrios substituem a artificialidade dos sons produzidos pelos instrumentos. Do mesmo modo a partitura, que agora é bem mais um conjunto de signos que interrogam do que uma prescrição de normas a serem cumpridas. Tais ideias tornam-se claras quando Cage aponta que

> O compositor deve renunciar ao seu desejo de controlar o som, retirar seu espírito da música e promover os meios de descoberta que permitam aos sons serem eles mesmos, bem mais do que veículos de teorias feitas pelo homem ou expressões de sentimentos humanos. (Attali, 1977, p.272-3)

Esse despojamento de Cage perante o ato composicional remete-nos, portanto, a algumas questões: quando o autor nos diz que o compositor deve, antes de tudo, escutar a natureza do som, sem estabelecer nenhum julgamento de valor, nem instituir relações fixas, construções teóricas ou pretender a construção de veículos de expressões individuais, não estaria sugerindo, num outro contexto, a reconsideração daquela precondição constitutiva da música, livre de memórias, de gestos, cuja finalidade primeira é apenas o ouvir? Não estaria propondo uma reavaliação daquela experiência auditiva e compulsória, cujo primeiro papel é apenas envolver o homem e empurrá-lo por caminhos indeterminados? Se para Cage "a estrutura musical é um tipo de receptáculo capaz de acolher quaisquer materiais – ruídos, sons, silêncios, gestos, palavras" (Bosseur, 1993, p.32) –, a música não estaria recuperando sua amplitude inicial e, ao mesmo tempo, se reaproximando de questões filosóficas?

– O que você está dizendo é que a música passou a ser menos importante para você.

– Ao contrário, a música tem servido para introduzir-me no verdadeiro mundo em que vivemos.

– E ainda continua fazendo isso?

– Claro, claro. Penso em todas as coisas das quais estivemos falando. Não me interesso por essas coisas por causa de um desinteresse pela música, mas, ao contrário, em virtude de um interesse intensificado por ela. (Kostelanetz, 1973, p.22)

O pensamento de John Cage – assim como o pensamento de todos os compositores que se arriscaram nos caminhos da experimentação e ampliação do campo sonoro e modelos composicionais[6] – resgata, de uma maneira ou de outra para a contemporaneidade, o *sentido* do som e o conceito de *mousiké*. No entanto, pode-se dizer ainda que foi o resgate gradativo e a atualização desse conceito que favoreceram – e têm favorecido – a elaboração de uma nova teoria musical e da própria música do século XX.

Se o domínio musical volta a considerar quaisquer materiais como *material sonoro em potencial*, a música readquire aquele caráter de *continuidade*, só cessando na medida em que negligenciamos nossa atenção aos sons que nos envolvem. Nesse sentido, opor atividade e inatividade musical torna-se absurdo, pois o mundo que nos rodeia e nosso mundo particular está constituído de um fluxo ininterrupto de signos, de eventos e mudanças que se operam com ou sem nossa avaliação (Bosseur, 1993, p.27).

A *mousiké* – com sua roupagem contemporânea – se representa como processo integral dinâmico, no qual cantos, falas, danças, onomatopeias, expressões corporais, representações teatrais, incluindo-se ainda toda variedade de ruídos, silêncios e modos de reprodução ou feitura de sons (mecânicos, computadorizados,

---

6 Tais como colagem, caleidoscópio de materiais diversos, inclusão de citações de outras músicas; modelo de jogo, improvisação predeterminada ou parcialmente controlada; paródia como simulação de estilos históricos; o modelo matemático, o arquitetônico e o repetitivo.

ampliados, entre outros) passam a ser considerados como potencialidades para a organização do som.[7] Ou melhor, reapresenta-se para ser ouvida e vista.[8] Se o pensamento musical volta a ser poliédrico, assim como seus modos de apresentação, isso se deve à polimorfia da *mousiké*. Se o fato musical se reapresenta como evento, isso ocorre porque ser evento é parte de sua natureza mosaica. Se a música se reaproxima da filosofia, isso demonstra que ela é mais do que organização dos sons: é organização do pensamento, é *ouvir o lógos*.

Finalizando, colocamos ainda uma pergunta: afinal, será possível dizer a que se refere a música? Talvez por sua intransigência como linguagem, licenciosamente, se espalhe em outros domínios conforme sua natureza, reinventando-se, assim, continuamente.

---

[7] Cf. citação de Cage (in Kostelanetz, 1973, p.66): "Se a palavra, música, é sagrada e se reserva apenas para instrumentos do século XVIII e XIX, podemos substituí-la por um termo mais significativo: organização do som".
[8] Assim como o som e os modelos de construção da música ultrapassaram as prescrições do modelo harmônico, a grafia também modificou-se integralmente. Cf. Apéndice de signos gráficos de la música contemporánea (Pergamo, 1973, p.41-71).

REFERÊNCIAS BIBLIOGRÁFICAS

ABBAGNANO, N. *Dicionário de filosofia*. Trad. A. Bosi. São Paulo: Mestre Jou, 1982.
ANTONELLI, M. T. Introduzione dell' idea di matemática in Giamblico. *Arts Libéraux et philosophie au Moyen Age*. Université de Montreal, Paris: Institut d'Études Médiévales, Jean Vrin, 1969.
ARISTÓTELES. *La métaphysique*. Trad., introd., notas e índex J. Tricot. Paris: Jean Vrin, 1981. 2v.
_____. Fragments. _____. *The complete works of Aristotle*. Trad. J. Barnes. Princeton: Princeton University Press, 1984. 2v.
_____. *La politique*. Trad., introd. e notas J. Tricot. Paris: Jean Vrin, 1989.
_____. *De l'âme*. Trad. e notas E. Barbotin. Paris: Gallimard, 1994.
_____. *De l'âme*. Trad. e notas J. Tricot. Paris: Jean Vrin, 1995.
_____. *A política*. Trad. M. da G. Kury. Brasília: Editora UnB, 1997.
ATTALI, J. *Bruits*: essai sur l'économie politique de la musique. Paris: PUF,1977.
BAILLY, A. *Dictionnaire grec-français*. 26.ed. Paris: Hachette, 1963.
BARNES, J. *Filósofos pré-socráticos*. Trad. J. Fischer. São Paulo: Martins Fontes, 1997.
BATTISTINI, Y. *Trois Présocratiques*: Heráclite, Parménide, Empédocle. Paris: Gallimard, 1988.

BAYER, F. *De Schoenberg a Cage*: essai sur la notion d'espace dans la musique contemporaine. Paris: Klincksieck, 1981.
BAYLE, F. *Musique acousmatique*: propositions... positions. Paris: Buchet, Chastel, 1993.
BEAUFRET, J. La naissance de la philosophie. In: _____. *Dialogue avec Heidegger*: Philosophie grecque. Paris: Minuit, 1973a.
_____. Heraclite et Parmenide. In: _____. *Dialogue avec Heidegger*: philosophie grecque. Paris: Minuit, 1973b.
_____. Lecture de Parmenide. In: _____. *Dialogue avec Heidegger*: philosophie grecque. Paris: Minuit, 1973c.
_____. Introdução a uma leitura do poema de Parmênides. In: SOUZA, J. C. (Org.) *Os pré-socráticos*. Trad. H. L. de Barros e M. A. L. de Barros. São Paulo: Abril Cultural, 1973d.
BÉLIS, A. L'harmonique comme science dans l'Antiquité grecque. In: LUTSGARTEN, D. et al. (Org.) *Quadrivium, musique et sciences*. Paris: IPMC, 1992.
_____. *Aristoxène de Tarente et Aristote*: le traité d'Harmonique. Paris: Klincksieck, 1986.
BERIO, L. *Entretiens avec Rossana Dalmonte*. Trad. M. Kaltenecker. Paris: J. C. Lattès, 1983.
BERNAL, J. D. *Historia social de la ciencia*. Trad. J. R. Capella. Barcelona: Ediciones Peninsula, 1991. 2v.
BOLLACK, J. Réflexions sur les interprétations du *lógos* héraclitéen. In: MATTÈI, J. F. (Org.) *La naissance de la raison en Grèce*. Paris: PUF, 1990.
BOLLACK, J., WISMANN, H. *Héraclite ou la séparation*. Paris: Minuit, 1972.
BORNHEIM, G. *Os filósofos pré-socráticos*. Trad., introd. e notas G. Bornheim. São Paulo: Cultrix, 1972.
BOSSEUR, J.-Y. *Vocabulaire de la musique contemporaine*. Paris: Minerve, 1992.
_____. *John Cage*. Paris: Minerve, 1993.
BOSSEUR, D., BOSSEUR J.-Y. *Révolutions musicales*: la musique contemporaine depuis 1945. Paris: Minerve, 1993.
BOYANCÉ, P. *Le culte des muses chez les philosophes grecs*. Paris: Éditions de Boccard, 1972.
BRAGUE, R. Le récit du commencement. Une aporie de la raison grecque. In: MATTÉI, J. F. (Org.) *La naissance de la raison en Grèce*. Paris: PUF, 1990.
BRANDÃO, J. de S. *Dicionário mítico-etimológico da mitologia grega*. Petrópolis: Vozes, 1991. 2v.

BRINDLE, R. S. *The new music*: the avant-garde since 1945. Oxford: Oxford University Press, 1975.
BRONOWSKI, J., MAZLISCH, B. *A tradição intelectual do Ocidente*. Trad. J. Rosa. Lisboa: Edições 70, 1988.
BRUN, J. *Os pré-socráticos*. Trad. A. Morão. Lisboa: Edições 70, 1991.
BRUNSCHVICG, L. *Les étapes de la philosophie mathématique*. Paris: August Blanchard, 1972.
BURKERT, W. *Lore and science in ancient pythagoreanism*. Trad. E. L. Milnar Jr. Cambridge: Harvard University Press, 1972.
BURNET, J. *L'aurore de la philosophie grecque*. Trad. A. Reymond. Paris: Payot, 1952.
BURTT, E. A. *As bases metafísicas da ciência moderna*. Trad. J. Viegas F. Brasília: Editora da UnB, 1991.
CAGE, J. Writings '67- '72. Connecticut: Wesleyan University Press, 1974.
_____. *De segunda a um ano*. Trad. R. Duprat. Rev. A. de Campos. São Paulo: Hucitec, 1985.
CAMBIANO, G. La démonstration géométrique. In: DETIENNE, M. (Org.) *Les savoirs de l'écriture*. En Grèce ancienne. Trad. G. Sissa e M. Detienne. Lille: Presses Universitaires de Lille, 1988.
CAMPOS, H. *A arte no horizonte do provável*. São Paulo: Perspectiva, 1977.
CENTRONE, B. *Introduzione a i pitagorici*. Roma-Bari: Editori Laterza, 1996.
CHAILLEY, J. *40.000 ans de musique*. Paris: Editions D'Aujourd'Hui, 1976.
_____. *La musique et le signe*. Paris: Les Introuvables, 1994.
_____. *La musique grecque antique*. Paris: Les Belles Lettres, 1979.
_____. *Expliquer l'harmonie?*. Paris: Éditions Rencontre, 1996.
CHANTRAINE, P. *Dictionnaire étymologique de la langue grecque*: Histoire des Mots. Paris: Klincksieck, 1980. 2v.
CHEVALLEY, C. La phisique quantique et les grecs. Deux exemples et un problème. In: CASSIN, B. (Org.) *Nos grecs et leur modernes*. Paris: Seuil, 1992.
CHRISTENSEN, T. Music theory and its histories. In: HATCH, C., BERNSTEIN, D. W. (Org.) *Music theory and the exploration of the past*. Chicago: Chicago University Press, 1993.
COLLI, G. *La sapienza greca III*: Eraclito. Milão: Adelphi Edizioni, 1993.
_____. *Nature aime se cacher*. Trad. P. Farazzi. Combas: Éditions de l'Éclat, 1994.
COLLOBERT, C. *L'être de Parmenide ou le refus du temps*. Paris: Kime, 1993,

COMBARIEU, J. *La musique et la magie*: études sur les origines populaires de l'art musical, son influence et sa fonction dans les sociétés. Genebra: Minkoff Reprint, 1978.
COMOTTI, G. *Music in greek and roman culture*. Trad. R. V. Munson. Baltimore: The Johns Hopkins University Press, 1989.
COPLAND, A. *A nova música*. Trad. L. Dantas. Rio de Janeiro: Record, 1969.
CORDERO, N-L. La Déesse de Parménide, maîtresse de philosophie. In: MATTÈI, J. F. (Org.) *La naissance de la raison en Grèce*. Paris: PUF, 1990.
CORNFORD, F. M. Mysticism and science in the pythagorean tradition. *Classical Quartely*, v.16, p.137-50, 1922.
_____. Mysticism and science in the pythagorean tradition. *Classical Quartely*, v.17, p.1-12, 1922.
_____. *Principium Sapientiæ*: as origens do pensamento filosófico grego. Trad. M. M. R. dos Santos. Lisboa: Fundação Calouste Gulbenkian, 1989.
_____. *Antes e depois de Sócrates*. Trad. P. G. Arbex e S. M. de Aguiar. São Paulo: Princípio Editora, 1994.
COSTA, M. *O sublime tecnológico*. Trad. D. D. Macedo. São Paulo: Experimento, 1995.
COVENEY, P., HIGHFIELD, R. *A flecha do tempo*. Trad. J. Caldas. São Paulo: Siciliano, 1993.
CROMBIE. A. C. *Historia de la ciencia*: de San Agustín a Galileo. Trad. J. Bernia. Madrid: Alianza Editorial, 1993. 2v.
DAMPIER, W. C. *Historia de la ciencia y sus relaciones con la filosofia y la religión*. Trad. C. S. Gil. Madrid: Tecnos, 1992.
DAHLHAUS, C. *Estética musical*. Trad. A. Morão. Lisboa: Edições 70, 1991.
_____. *Foundations of music history*. Trad. J. B. Robinson. Cambridge: Cambridge University Press, 1995.
DAVIES, P. C. W. *El espacio y el tempo en el universo contemporaneo*. Trad. R. Heller. México: Fondo de Cultura Económica.
DEBUS, A. G. *El hombre y la naturaleza en el Renacimiento*. Trad. S. L. Rendón. México: Fondo de Cultura Económica, 1996.
DECKER, J. T. L'écho de Parménide. *Les études philosophiques*, v.1, p.1-13, 1986.
DEHNERT, E. Music as liberal in Augustine and Boethius. *Arts libéraux et philosophie au Moyen Âge*. Université de Montreal, Paris: Institut d'Études Médiévales, Jean Vrin, 1969.
DELATTE, A. *Études sur la littérature pythagoricienne*. Genebra: Slatkine Reprints, 1974.

DELEDALLE, G. Charles S. Peirce. Les ruptures épistémologiques et les nouveaux paradigmes. *Travaux du Centre de Recherches Sémiologiques*, v.62, p.51-66, 1994.

DELHAYE, P. La place des arts libéraux dans les programmes scolaires du XIIIe siècle. *Arts libéraux et philosophie au Moyen Âge*. Université de Montreal, Paris: Institut d'Études Médiévales, Jean Vrin, 1969.

DETIENNE, M. *Os mestres da verdade na Grécia antiga*. Trad. A. Daher. Rio de Janeiro: Jorge Zahar, 1988.

DIÓGENES LAÉRCIO. *Vie, doctrines et sentences des philosophes illustres*. Trad. e notas R. Genaille. Paris: Flammarion, 1965. 2v.

DODDS, E. R. *Les grecs et l'irrationnel*. Trad. M. Gibson. Paris: Flammarion, 1995.

DUMONT, J. P. (Ed.) *Les écoles présocratiques*. Paris: Gallimard, 1995.

ECO, U. *Arte e beleza na estética medieval*. Trad. M. Sabino F. Rio de Janeiro: Globo, 1989.

ENCICLOPÉDIA DA PLÊIADE: *a música das origens à atualidade*. Lisboa: Arcádia, 1965. v.1.

FARRINGTON, B. *A ciência grega e o que significa para nós*. Trad. J. C. A. e L. Xavier. São Paulo: Ibrasa, 1961.

FERRARA, L. *Philosophy and the analysis of music*: bridges to musical sound, form & references. USA: Excelsior Music Publishing Co., 1991.

FERRATER MORA, J. *Diccionario de filosofia*. Madrid: Alianza Editorial, 1990. 4v.

FESTUGIÈRE, A. J. Les "Mémoires Pythagoriques" cités par Alexandre Polyhistor. *Études de philosophie grecque*. Paris: Jean Vrin, 1971a.

_____. Sur le "De Vita Pythagorica" de Jamblique. *Études de philosophie grecque*. Paris: Jean Vrin, 1971b.

_____. L'Âme et la musique d'après Aristide Quintilien. *Études de philosophie grecque*. Paris: Jean Vrin, 1971c.

FEYERABEND, P. *Contra o método*. Trad. O. S. Mota e L. Hengenberg. Rio de Janeiro: Francisco Alves, 1989.

FICHET, L. *Les théories scientifiques de la musique aux XIXe et XXe siècles*. Paris: Jean Vrin, 1996.

FINK, R., RICCI, R. *The language of twentieth century music*: a dictionary on terms. New York: Schirmer Books, 1975.

FRÄNKEL, H. A thought pattern in Heraclitus. In: MOURELATOS, A. P. D. (Ed.) *The presocratics*: a collection of critical essays. Princeton: Princeton University Press, 1993.

FRÈRE, J. Aurore, Éros et Ananké autour des diex parménidiens (f.12-f.13). *Les études philosophiques*, v.4, p.459-79, 1985.

FRITZ, K. *Nous, noein* and their derivates in pre-socratics philosophy (excluding Anaxagoras). II. *Classical philology*., v.XLI, p.12-34, 1946.

_____. *Nous, noein* and their derivates in pre-socratics philosophy (excluding Anaxagoras). I. *Classical philology*, v.XL, p.233-42, 1945.

_____. The discovery of incommensurability of Hippasus of Metapontum. In: FURLEY, D. J., ALLEN, R. E. (Ed.) *Studies of presocratic philosophy*. London, New York: Routledge and Kegan Paul, 1970. v.1: The beginnings of philosophy.

FUBINI, E. *La estética musical desde la Antigüedad hasta el siglo XX*. Trad. C. G. Pérez de Aranda. Madrid: Alianza, 1990.

FURTH, M. Elements of eleatic ontology. In: MOURELATOS, A. P. D. (Ed.) *The pre-socratics*: a collection of critical essays. Princeton: Princeton University Press, 1993.

GAGNÉ, J. Du *Quadrivium* aux *Scientiae Mediae*. *Arts libéraux et philosophie au Moyen Âge*. Université de Montreal, Paris: Institut d'Études Médiévales, Jean Vrin, 1969.

GARDNER, M. *L'univers ambidextre*. Trad. C. Roux e A. Laverne. Paris: Seuil, 1985.

GHYKA, M. C. *Le nombre d'or*: rites et rythmes pythagoriciens dans le développement de la civilisation occidentale. Paris: Gallimard, 1994.

GIBSON, M. T. The *Artes* in the eleventh century. *Arts libéraux et philosophie au Moyen Âge*. Université de Montreal, Paris: Institut d'Études Médiévales, Jean Vrin, 1969.

GIGON, O. *Los orígenes de la filosofía griega*: de Hesíodo a Parménides. Trad. M. C. Gútiez. Madrid: Editorial Gredos, 1994.

GILSON, E. *A filosofia na Idade Média*. Trad. E. Brandão. São Paulo: Martins Fontes, 1995.

GLUSBERG, J. *A arte da performance*. Trad. R. Cohen. São Paulo: Perspectiva, 1987.

GOLÉA, A. *Esthétique de la musique contemporaine*. Paris: PUF, 1954.

GRIFFITHS, P. *A música moderna*. Trad. C. Marques. Rio de Janeiro: Jorge Zahar, 1987.

GUTHRIE, W. K. C. *A history of greek philosophy*. Cambridge: Cambridge University Press, 1978. v.1: The earlier presocratics and the Pythagoreans.

_____. *Los filósofos griegos de Tales a Aristóteles*. Trad. F. M. Torner. México: Fondo de Cultura Económica, 1992.

_____. Flux and *logos* in Heraclitus. In: MOURELATOS, A. P. D. (Ed.) *The presocratics*: a collection of critical essays. Princeton: Princeton University Press, 1993.

_____. *Os sofistas*. Trad. J. R. Costa. São Paulo: Paulus, 1995.

HADOT, I. *Arts libéraux et philosophie dans la pensée antique*. Paris: Études Augustiniennes, 1984.

HANSLICK, E. *Do belo musical*. Trad. N. Simone. Campinas: Editora da Unicamp, 1989.

HARRÉ, R. *As filosofias da ciência*. Trad. L. Guterres. Portugal: Edições 70, 1988.

HAVELOCK, E. *A revolução da escrita na Grécia e suas consequências culturais*. Trad. O. J. Serra. São Paulo, Rio de Janeiro: Editora UNESP, Paz e Terra, 1996.

HEIDEGGER, M. A sentença de Anaximandro. In: SOUZA, J. C. (Org.) *Os pré-socráticos*. Trad. E. Stein. São Paulo: Abril Cultural, 1973a.

_____. Lógos (Heráclito, fragmento 50). In: SOUZA, J. C. (Org.) *Os pré- socráticos*. Trad. E. Stein. São Paulo: Abril Cultural, 1973b.

_____. Alétheia (Heráclito, fragmento 16). In: SOUZA, J. C. (Org.) *Os pré-socráticos*. Trad. E. Stein. São Paulo: Abril Cultural, 1973c.

_____. Les Séminaires du Thor (1966, 1968, 1969). *Questions III et IV*. Trad. J. Beaufret et al. Paris: Gallimard, 1990a.

_____. Le Séminaire de Zähringen. *Questions III et IV*. Trad. J. Beaufret et al. Paris: Gallimard, 1990b.

_____. Hegel et les grecs. *Questions I et II*. Trad. J. Beaufret e D. Janicaud. Paris: Gallimard, 1993.

_____. Que veut dire 'penser'? *Essais et Conferènces*. Trad. A. Préau. Paris: Gallimard, 1995a.

_____. Lógos (Héraclite, fragment 50). *Essais et Conferènces*. Trad. A. Préau. Paris: Gallimard, 1995b.

_____. Moîra (Parménide, VIII, 34-41). *Essais et Conferènces*. Trad. A. Préau. Paris: Gallimard, 1995c.

_____. Alètheia (Héraclite, fragment 16). *Essais et Conferènces*. Trad. A. Préau. Paris: Gallimard, 1995d.

HEIDEL, W. A. The pythagoreans and greek mathematics. In: FURLEY, D. J., ALLEN, R. E. (Ed.) *Studies of Presocratic philosophy*. London, New York: Routledge and Kegan Paul, 1970. v.I: The beginnings of philosophy.

_____. Qualitative changes in pre-socratic philosophy. In: MOURELATOS, A . P. D. (Ed.) *The pre-socratics*: a collection of critical essays. Princeton: Princeton University Press, 1993.

HEGENBERG, L. *Explicações científicas*: introdução à filosofia da ciência. São Paulo: EPU, Editora da Universidade de São Paulo, 1973.

HIERÓCLES. *Les Vers d'Or et Commentaire sur les Vers d'Or des pythagoriciens*. Trad. M. Meunier. Paris: Guy Trédaniel, Éd. de la Maisnie, 1993.

HOMERO. *Ilíada*. Trad. C. A. Nunes. Rio de Janeiro: Ediouro, s. d.
_____. *Odisseia*. Trad. C. A. Nunes. Rio de Janeiro: Ediouro, s. d.
HUIZINGA, J. *O declínio da Idade Média*. Trad. A. Abelaira. Portugal: Ulisseia, s. d.
IÂMBLICO. *Proteptique*. Trad. É. de Places. Paris: Les Belles Lettres, 1989.
_____. *La Vita Pitagorica*. Trad. M. Giangiulio. Milão: Biblioteca Universale Rizzoli, 1991.
_____. *Vie de Pythagore*. Trad. L. Brisson e A. P. Segonds. Paris: Les Belles Lettres, 1996.
IAZZETTA, F. *Música*: processo e dinâmica. São Paulo: Annablume, 1993.
IBRI, I. A. *Kósmos Noëtós*: a arquitetura metafísica de C. S. Peirce. São Paulo: Perspectiva, 1992.
_____. A Física da *Physis*. *Hypnos*, v.2, p.23-32, 1996.
IOANNIDES, K. *Le philosophe et le musicien dans l'œuvre de Platon*. Nicosie: Centre de Recherche de Kykkos, 1990.
IRIARTE, R. (Org.) *Música e literatura no romantismo alemão*. Trad. A. M. A. Lopes et al. Lisboa: Apáginastantas, 1987.
JAEGER, W. *Paideia, a formação do homem grego*. Trad. A. M. Parreira. São Paulo, Brasília: Editora da UnB, Martins Fontes, 1989.
_____. *Aristóteles*: bases para la historia de su desarrollo intelectual. Trad. J. Gaos. México: Fondo de Cultura Económica, 1992.
_____. *La teología de los primeros filósofos griegos*. Trad. J. Gaos. Madrid: Fondo de Cultura Económica, 1993a.
_____. *Cristianismo primitivo e paideia griega*. Trad. E. C. Frost. México: Fondo Cultura Económica, 1993b.
JAVELET, R. Considérations sur les Arts Libéraux chez Hughes et Richard de Saint-Victor. *Arts libéraux et philosophie au Moyen Âge*. Université de Montreal, Paris: Institut d' Études Médiévales, Jean Vrin, 1969.
JEANS, J. *Scienza e musica*. Trad. G. Peluso. Milão: Bompiani, 1940.
KAHN, C. H. Anaximander's fragment: the universe governed by law. In: MOURELATOS, A. P. D. (Ed.) *The pre-socratics*: a collection of critical essays. Princeton: Princeton University Press, 1993a.
_____. Pythagorean philosophy before Plato. In: MOURELATOS, A . P. D. (Ed.) *The pre-socratics*: a collection of critical essays. Princeton: Princeton University Press, 1993b.
KATZ, R., DAHLHAUS, C. (Org.) *Contemplating music*: sources readings in the *aesthetics of music*. New York: Pendragon Press, 1987. v.1.

KELKEL, M. *Alexander Scriabine, sa vie, l'esoterisme et le langage musical dans son œuvre*. Paris: Editions Honoré Champs, 1984.

_____. *Musique des mondes (Essai sur la Metamusique)*. Paris: Jean Vrin, 1988.

KERMAN, J. *Contemplating music*: challenges to musicology. Cambridge: Harvard University Press, 1985.

KENT, B. *Charles Sanders Peirce*: logic and the classification of the science. Canadá: McGill, Queen's University Press, 1987.

KIBRE, P. The *Quadrivium* in the thirteenth century universities (with special references to Paris). *Arts libéraux et philosophie au Moyen Âge*. Université de Montreal, Paris: Institut d'Études Médiévales, J. Vrin, 1969.

KIRK, G. S. Natural change in Heraclitus. In: MOURELATOS, A. P. D. (Ed.) *The pre-socratics*: a collection of critical essays. Princeton: Princeton University Press, 1993.

KIRK, G. S., RAVEN, J. E., SCHOFIELD, M. *Os filósofos pré-socráticos*. Trad. C. A. L. Pessoa. Lisboa: Fundação Calouste Gulbenkian, 1994.

KNEALE, W., KNEALE, M. *O desenvolvimento da lógica*. Trad. M. S. Lourenço. Lisboa: Fundação Calouste Gulbenkian, 1991.

KOSTELANETZ, R. *Entrevista a John Cage*. Trad. J. M. Álvares e A. Perez. Barcelona: Editorial Anagrama, 1973.

_____. *Conversing with Cage*. New York: Limelight Editions, 1991.

KRISTELLER, P. *Tradição clássica e pensamento do Renascimento*. Trad. A. Morão. Lisboa: Edições 70, 1995.

KUCHARSKI, P. *Étude sur la doctrine pythagoricienne de la Tétrade*. Paris: Les Belles Lettres, 1952.

KUHN, T. *A estrutura das revoluções científicas*. Trad. B. V. Boeira e N. Boeira. São Paulo: Perspectiva, 1994.

LALOY, L. *Aristoxène de Tarente*: disciple d'Aristote et la musique de l'Antiquité. Genève: Minkoff, 1973.

LAMI, A. (Org.) *I presocratici*: testimonianze e frammenti de Talete a Empedocle. Trad. A. Lami. Milão: Biblioteca Universale Rizzoli, 1995.

LANG, P. H. *La musica en la civilización occidental*. Trad. J. Clementi. Buenos Aires: Editorial Universitaria de Buenos Aires, 1963.

LARGEAULT, J. Les philosophes presocratiques et la science grecque. *Revue de l'enseignement philosophique*, v.6, p.27-53, 1986.

LATINO COELHO, J. M. *A ciência na Idade Média*. Lisboa: Guimarães, 1988.

LEÃO, E. C. (Org.) *Os pensadores originários*: Anaximandro, Parmênides, Heráclito. Trad. E. C. Leão e S. Wrublewski. Petrópolis: Vozes, 1993.

LEGOWICZ, J. Le problème de la théorie dans les "Artes Iliberales" et la conception de la science au Moyen Âge. *Arts libéraux et philosophie au Moyen Âge.* Université de Montreal, Paris: Institut d'Études Médiévales, Jean Vrin, 1969.

LEGRAND, G. *Os pré-socráticos.* Trad. L. Magalhães. Rio de Janeiro: Jorge Zahar, 1991.

LESTIENNE, R. *Le hasard créateur.* Paris: Éd. La Découverte, 1993.

LIPPMAN, E. A. *Musical thought in Ancient Greece.* New York: Da Capo Press, 1975.

_____. (Ed.) *Musical aesthetics*: a historical reader. New York: Pendragon Press, 1986. v.1: From Antiquity to the 19 Century.

_____. The place of aesthetics in theoretical treatises on music. In: HATCH, C., BERNSTEIN, D. W. (Ed.) *Music theory and the exploration of the past.* Chicago: Chicago University Press, 1993.

_____. *A history of Western musical aesthetics.* Nebraska: University of Nebraska Press, 1994.

LLOYD, G. E. R. *Magie, raison et expérience*: origines et dévelopment de la science grecque. Trad. J. Carlier e F. Regnot. Paris: Flammarion, 1990.

_____. *Une histoire de la science grecque.* Trad. J. Brunschwig. Paris: La Découverte, 1993.

_____. *Adversaries and authorities*: investigations into ancient Greek and Chinese science. Cambridge: Cambridge University Press, 1996.

LOHMANN, J. *Mousiké et lógos*: contributions à la philosophie et à la théorie *musicale grecque.* Trad. P. David. Mauvezin: Editions TER, 1989.

LÓPEZ, J. *La música de la modernidad (de Beethoven a Xenakis).* Barcelona: Anthropos, 1984.

LOWIT, A. Le "principe" de la lecture heideggerienne de Parménide. *Revue de philosophie ancienne*, v.2, p.163-210, 1986.

MACHLIS, J. *Introduction to contemporary music.* New York: J. M. Deut & Sons, 1961.

MACONIE, R. *The concept of music.* New York: Oxford University Press, 1990.

MADDALENA, A. *I pitagorici.* Bari: Editori Laterza, 1954.

MARTINEAU, E. Le "cœur" de l'alètheia. *Revue de philosophie ancienne*, v.1, p.31-86, 1986.

MATES, B. *Lógica de los estoicos.* Trad. M. G. Baró. Madrid: Tecnos, 1985.

MERLEAU-PONTY, M. *Fenomenologia da percepção.* Trad. R. di Piero. Rio de Janeiro: Freitas Bastos, 1971.

MICHELS, U. *Atlas de música, I.* Trad. L. Mames. Madrid: Alianza Editorial, 1982.

MOLINO, J. Fato musical e semiologia da música. In: SEIXO, M. A. (Org.) *Semiologia da música*. Trad. M. V. de Carvalho. Lisboa: Vega, s. d.
MONDOLFO, R. *O pensamento antigo*. Trad. L. G. da Motta. São Paulo: Mestre Jou, 1966. 2v.
_____. *O infinito no pensamento da Antiguidade clássica*. Trad. L. Darós. São Paulo: Mestre Jou, 1968.
_____. *Heráclito*: textos y problemas de su interpretación. Trad. O. Caletti. México: Siglo Veintiuno Editores S. A., 1989.
MORAES, J. J. *O que é música*. São Paulo: Brasiliense, 1986.
MORIN, E. *Science avec conscience*. Paris: Fayard, 1990.
_____. *Introdução ao pensamento complexo*. Trad. D. Matos. Lisboa: Instituto Piaget, 1991.
MOURELATOS, A. P. D. The deceptive words of Parmenides's "doxa". In: MOURELATOS, A . P. D. (Ed.) *The pre-socratics*: a collection of critical essays. Princeton: Princeton University Press, 1993.
MOUTSOPOULOS, E. *La philosophie de la musique dans la dramaturgie antique*: formation et structures. Atenas: Société Hellénique des Études Philosophiques, 1975.
_____. *La musique dans l'œuvre de Platon*. Paris: PUF, 1989.
_____. Le rationalisme musical chez les tragiques grecs. In: MATTÉI, J. F. (Org.) *La naissance de la raison en Grèce*. Paris: PUF, 1990.
MOYAL, G. J. D. Le rationalisme inexprimé d'Héraclite. In: MATTÉI, J. F. (Org.) *La naissance de la raison en Grèce*. Paris: PUF, 1990.
MURACHCO, H. G. O conceito de *physis* em Homero, Heródoto e nos pré-socráticos. *Hypnos*, v.2, p.11-22, 1996.
NATTIEZ, J.-J. *Music and discourse*: toward a semiology of music. Trad. C. Abbate. Princeton: Princeton University Press, 1990.
NESTLE, W. *Historia del espíritu griego*: desde Homero hasta Luciano. Trad. M. Sacristán. Barcelona: Editorial Ariel, 1987.
NEVEUX, M., HUNTLEY, H. E. *Le nombre d'or, radiographie d'un mythe, suivi de La divine proportion*. Trad. É. Doisneau e B. Turle (La divine proportion). Paris: Éditions du Seuil, 1995.
NEW GROVE Dictionary of Music and Musicians, The. SADIE, S. (Ed.) London: Macmillan Publishers Limited, 1995. 20v.
NEW OXFORD HISTORY OF MUSIC, The. WESTRUP, J. A. et al. (Ed.) Oxford: Oxford University Press, 1975.
NIETZSCHE, F. *La filosofia nell'età tragica dei greci*. Trad. S. Givone. Roma: Grandi Tascabili Economici Newton, 1991.
_____. *Les philosophes préplatoniciens, suivi de Les* διαδοξαι *des philosophes*. Texto estabelecido a partir dos manuscritos por Paolo D'Iorio. Apresentados e anotados por P. D'Iorio e F. Fronterotta. Trad. N. Ferrand. Paris: Éditions de l'Éclat, 1994.

O'BRIEN, D. Temps et intemporalité chez Parménide. *Les études philosophiques*, v.3, p.257-72, 1980.

O'MEARA, D. J. *Pythagoras revived*: mathematics and philosophy in late antiquity. Oxford: Clarendon Press, 1989.

ORTEGA Y GASSET, J. *Origen y epílogo de la filosofía*. Madrid: Espasa-Calpe, 1980.

OTTO, W. F. *Essais sur le mythe*. Trad. de P. David. Mauvezin: TER, 1987.

PADILLA, A. Vers une conception pluraliste de l'analyse musicale. In: TARASTI, E. (Ed.) *Musical semiotical in growth*. Bloomington: Indiana University Press e International Semiotics Institute (ISI), 1996.

PAQUET, L., ROUSSEL, M., LAFRANCE, Y. *Les présocratiques*: bibliographie analytique, 1879-1980. Montréal, Paris: Éditions Bellarmin, Les Belles Lettres, 1988. 2v.

PARMÊNIDES. *O poema sobre a natureza*. Trad. G. M. Mourão. São Paulo: Edições GRD, 1987.

_____. *Le Poème*. Trad. J. Beaufret. Paris: PUF, 1991.

PAZ, J. C. *Introdução à música de nosso tempo*. Trad. D. R. de T. Piza. São Paulo: Duas Cidades, 1976.

PEIRCE, C. S. *Semiótica*. Trad. T. Coelho. São Paulo: Perspectiva, 1977.

_____. *Escritos coligidos*. Seleção de A. M. D'Oliveira. Trad. A. M. D'Oliveira e S. Pomerangblum. São Paulo: Abril Cultural, 1983.

_____. *La raisonnement et la logique des choses*. Trad. C. Chauviré, P. Thibaud e C. Tiercelin. Paris: Cerf, 1995.

PERGAMO, A. M. L. *La notación de la música contemporánea*. Buenos Aires: Ricordi, 1973.

PETERS, F. E. *Termos filosóficos gregos*: um léxico histórico. Trad. B. R. Barbosa. Lisboa: Fundação Calouste Gulbenkian, 1983.

PLATÃO Carta VII. *Obras completas*. Trad. M. Araujo et al. Madrid: Aguilar, 1993a.

_____. Crátilo. In: _____. *Obras completas*. Trad. M. Araujo et al. Madrid: Aguilar, 1993b.

_____. Fédon. In: _____. *Obras completas*. Trad. M. Araujo et al. Madrid: Aguilar, 1993c.

_____. Fedro. In: _____. *Obras completas*. Trad. M. Araujo et al. Madrid: Aguilar, 1993d.

PLATÃO. Parmênides. In: _____. *Obras completas*. Trad. M. Araujo et al. Madrid: Aguilar, 1993f.

PLATÃO. Teeteto. In: _____. *Obras completas*. Trad. M. Araujo et al. Madrid: Aguilar, 1993g.

_____. Timeu. In: _____. *Obras completas*. Trad. M. Araujo et al. Madrid: Aguilar, 1993h.

PLEBE, A. *Breve história da retórica antiga*. Trad. G. N. M. de Barros. São Paulo: Edusp, 1978.

PLEBE, A., EMANUELE, P. *Manual de retórica*. Trad. E. Brandão. São Paulo: Martins Fontes, 1992.

PORFÍRIO. *Vie de Pythagore*. Trad. E. de Places. Les Belles Lettres, 1982.

PRIGOGINE, I., STENGERS, I. *A nova aliança*. Trad. M. Faria e M. J.Trincheira. Brasília: Editora da UnB, 1984.

_____. *Entre o tempo e a eternidade*. Trad. R. L. Ferreira. São Paulo: Companhia das Letras, 1992.

_____. *La fin des certitudes*. Paris: Editions Odile Jacob, 1996.

_____. *O fim das certezas*. São Paulo: Editora UNESP, 1996.

_____. *O nascimento do tempo*. Trad. J. Gama. Lisboa: Edições 70, 1990.

RADICE, L. L. *A matemática de Pitágoras a Newton*. Trad. B. M. Costa. Lisboa: Edições 70, 1985.

RAHN, J. (Ed.) *Perspectives on musical aesthetics*. New York: W. W. Norton & Company, 1994.

RAMNOUX, C. *Parménide et ses successeurs immédiats*. Mônaco: Rocher, 1979.

RAY, C. *Tempo, espaço e filosofia*. Trad. T. M. Nóbrega. São Paulo: Papirus, 1993.

RAYNOR, H. *História social da música*: da Idade Média a Beethoven. Trad. N. C. Caixeiro. Rio de Janeiro: Zahar Editores, 1981.

REINACH, T. *La musique grecque*. Paris: Éditions D'Aujourd'hui, 1975.

REINHARDT, K. The relation between the two parts of Parmenide's poem. In: MOURELATOS, A . P. D. (Ed.) *The pre-socratics*: a collection of critical *essays*. Princeton: Princeton University Press, 1993.

REY, A. *La jeunesse de la science grecque*. Paris: Albin Michel, 1933.

ROBIN, L. *La pensée grecque et les origines de l'esprit scientifique*. Paris: Albin Michel, 1973.

ROOS, H. Le *Trivium* a l'université au XIIIe siècle. *Arts Libéraux et philosophie au Moyen Âge*. Université de Montreal, Paris: Institut d'Études Médiévales, Jean Vrin, 1969.

ROQUE, M. L. *O conceito de mousiké na civilização grega*. São Paulo, s. d. 154p. Tese (Doutorado) – Faculdade "Sedes Sapientiae", Pontifícia Universidade Católica.

ROSS, D. *Teoria de las ideas de Platon*. Trad. J. L. D. Arias. Madrid: Cátedra, 1993.

ROSSI, P. *A ciência e a filosofia dos modernos*: aspectos da revolução científica. Trad. Á. Lorencini. São Paulo: Editora UNESP, 1992.
ROTHSTEIN, E. *Emblems of mind*: the inner life of music and mathematics. New York: Times Books, Random House, 1995.
ROUSSEL, M. Rationalité et vocabulaire mystique. In: MATTÉI, J. F. (Org.) *La naissance de la raison en Grèce*. Paris: PUF, 1990.
ROWELL, L. *Thinking about music*: an introduction to the philosophy of music. Massachusetts: The University of Massachusetts Press, 1983.
SACHS, C. *Rhythm and Tempo*: a study in music history. New York: Columbia University Press, 1953.
SAINT-VICTOR, H. *L'art de lire. Didascalicon*. Trad. M. Lemoine. Paris: Les Éditions du Cerf, 1991.
SALZMAN, E. *Introdução à música do século XX*. Trad. M. A. de M. Matos. Rio de Janeiro: Zahar Editores, 1970.
SANTAELLA, L. *O que é semiótica*. 6.ed. São Paulo: Brasiliense, 1988.
_____. *A assinatura das coisas*: Peirce e a literatura. Rio de Janeiro: Imago, 1992.
_____. *A teoria geral dos signos*: semiose e autogeração. São Paulo: Ática, 1995.
SERRES, M. *Les origines de la géométrie*. Paris: Flammarion, 1993.
SEVERINO, E. *A filosofia contemporânea*. Trad. J. E. Rodil. Lisboa: Edições 70, 1987.
SCHAFER, R. M. *O ouvinte pensante*. Trad. M. T. de O. Fonterrada et al. São Paulo: Editora UNESP, 1991.
SCHLOEZER, B. *Scriabin*: artist and mystic. Trad. N. Slonimsky. Berkeley: California University Press, 1987.
SCHÜLER, D. O poder do canto. *Clássica*, v.2, p.49-54, 1989.
SCLIAR, E. *Elementos de teoria musical*. São Paulo: Novas Metas, 1985.
SNELL, B. *A descoberta do espírito*. Trad. A. Morão. Lisboa: Edições 70, 1992.
_____. *La découverte de l'esprit*: la genèse de la pensée européenne chez les Grecs. Trad. M. Charrièrre e P. Escaig. Paris: Éditions de l'Éclat, 1994.
SOUZA, J. C. (Org.) *Os pré-socráticos*. Trad. J. C. de Souza et al. São Paulo: Abril Cultural, 1973.
STRUNK, O. (Org.) *Sources readings in music history*: Antiquity and the Middle Age. New York: W.W. Norton & Company, 1965a.
_____. (Org.) *Sources readings in music history*: the Renaissance. New York: W.W. Norton & Company, 1965b.
STUCKENSCHMIDT, H. H. *La música del siglo XX*. Trad. M. Calonge e J. T. Malvido. Madrid: Ediciones Guadarrama, 1960.

SZABÓ, Á. *Les débuts des mathématiques grecques.* Trad. M. Federspiel. Paris: Jean Vrin, 1977.

SZAMOZI, G. *Tempo & espaço*: as dimensões gêmeas. Trad. J. E. Fortes e C. A. Medeiros. Rio de Janeiro: Zahar Editores, 1986.

TANNERY, P. *Pour l'histoire de la science hellène.* Paris: Gauthier-Villars, 1930.

TARNAS, R. *The passion of the Western mind.* New York: Harmony, 1991.

TATON, R. *La science antique et médiévale*: des origines a 1450. Paris: PUF, 1994.

THOM, R. Un exercice en appropriation. In: CASSIN, B. (Org.) *Nos grecs et leur modernes.* Paris: Seuil, 1992.

TOMÁS, L. *O Poema do Fogo*: mito e música em Scriabin. São Paulo: Annablume, 1993.

ULLMANN, R. A. O significado de *théos* em grego. *Clássica*, v.2, p.135-54, 1989.

VALENTE, H. de A. D. *Os cantos da voz*: entre o ruído e o silêncio. São Paulo: Annablume, 1999.

VERGER, J. *As universidades na Idade Média.* Trad. F. M. L. Moretto. São Paulo: Editora UNESP, 1990.

VERNANT, J.-P. *As origens do pensamento grego.* Trad. Í. B. B. da Fonseca. São Paulo: Difel, 1986.

_____. *Mito e pensamento entre os gregos.* Trad. H. Sarian. Rio de Janeiro: Paz e Terra, 1990.

WEISS, P., TARUSKIN, R. (Org.) *Music in the Western world*: a history in documents. New York: Schirmer Books, 1984.

ZELLER, E. *Outlines of the history of greek philosophy.* Rev. W. Nestle. Trad. L. R. Palmer. New York: Dover, 1980.

SOBRE O LIVRO

Formato: 14 x 21 cm
Mancha: 23 x 43 paicas
Tipologia: Classical Garamond 10/13
Papel: Offset 75 g/m² (miolo)
Cartão Supremo 250 g/m² (capa)
1ª edição: 2002

EQUIPE DE REALIZAÇÃO

Coordenação Geral
Sidnei Simonelli

Produção Gráfica
Anderson Nobara

Edição de Texto
Nelson Luís Barbosa (Assistente Editorial)
Ada Santos Seles (Preparação de Original)
Ada Santos Seles e
Carlos Villarruel (Revisão)
Oitava Rima Prod. Editorial (Atualização Ortográfica)

Editoração Eletrônica
Oitava Rima Prod. Editorial

Impressão e acabamento